Protokollarischer Ratgeber

Hinweise für persönliche Anschriften und Anreden im öffentlichen Leben

Theodor Graf Finck von Finckenstein

Protokollarischer Ratgeber

Hinweise für persönliche Anschriften und Anreden im öffentlichen Leben

3., neubearbeitete Auflage

Bundesanzeiger Verlag

Die Deutsche Bibliothek – CIP-Einheitsaufnahme

Finck von Finckenstein, Theodor:
Protokollarischer Ratgeber : Hinweise für persönliche Anschriften und Anreden im öffentlichen Leben / Theodor Graf Finck von Finckenstein – 3., neubearb. Aufl. – Köln : Bundesanzeiger, 1998
ISBN 3-88784-829-2

ISBN 3-88784-829-2
© 1998 Bundesanzeiger Verlagsges. mbH., Köln
Lektorat: U. Herberg
Herstellung: Th. Mersmann
Satz: Fotosatz Froitzheim AG, Bonn
Druck und buchbinderische Verarbeitung: Rainer Winters GmbH, Wissen
Printed in Germany

Inhaltsverzeichnis

Vorwort

1. „Daß derjenige/welcher sich in publiquen Affairen gebrauchen lassen will/ nothwendig wissen muß, wie grosse Herren/freye Republiquen/und hohe Standes = Personen in Europa einander in Briefen zu tractieren pflegen/ist wohl eine gantz ausgemachte Sache . . ." Mit diesem Satz leitet Johann Christian Lünig seinen „Schau = Platz des Europäischen Kantzley-Ceremoniels", Leipzig, bey Moritz Georg Weidmann, 1720, ein. Er ist – mutatis mutandis – heutzutage trotz allen Verzichts auf langatmige Floskeln auch im nationalen Bereich keine Selbstverständlichkeit. Vielmehr besteht weithin Unsicherheit über die Gestaltung von Anschriften, Anreden und Schlußformeln.

   Dem sollen die vorliegenden Hinweise mit ihren Formulierungsvorschlägen für den Verkehr mit Personen des öffentlichen und gesellschaftlichen Lebens abhelfen; sie enthalten auch Vorschläge für das Ausfüllen von (vorgedruckten) Einladungskarten.

2. Die „Hinweise für persönliche Anschriften und Anreden" behandeln den Schriftverkehr von Person zu Person. Kollektivbezeichnungen, z. B. „Vorstand", „Familie", und Sammelanreden, z. B. „Geschäftsfreund", „Kunde", „Steuerzahler", bleiben außer Betracht.

3. Richtschnur und Maßstab für die Vorschläge sind die in unserem Kulturkreis gewachsenen Sitten und Gebräuche im zwischenmenschlichen Umgang unter Beachtung der Regeln der deutschen Sprache und unserer Rechtsordnung und unter Berücksichtigung der Informationen der Deutschen Bundespost zur Gestaltung von Anschriften.

   Bei den Mustern des Abschnitts C wird angesichts unterschiedlicher Gegebenheiten sowie aus drucktechnischen Gründen auf eine einheitliche Systematik auch hinsichtlich des Schriftbildes verzichtet. Nicht berücksichtigt ist, welche Stellung und welchen Rang die Adressaten im öffentlichen Leben haben.

4. Persönliche Anschriften und Anreden wenden sich an männliche wie an weibliche Personen.

   Die Muster des Abschnitts C tragen dem in der Weise Rechnung, daß der Adressat und die Adressatin spiegelbildlich einander gegenüberstehen, ohne Rücksicht darauf, ob die Position von einem Mann oder einer Frau ausgefüllt wird oder schon ausgefüllt worden ist. Wenn bestimmte Ämter oder Funktionen den Angehörigen eines Geschlechts nicht offenstehen, wird von einer Gegenüberstellung abgesehen. Soweit sich in die weibliche Form abwandelbare Benennungen noch nicht durchgesetzt haben, kann alternativ die männliche oder die weibliche Form verwendet werden.

   Ist bekannt, daß eine Adressatin die männliche Amts-, Berufs- oder Funktionsbezeichnung der entsprechenden weiblichen Form vorzieht, so sollte das berücksichtigt werden.

5. Entsprechend der Vielgestaltigkeit unserer Lebensverhältnisse lassen sich Anschriften, Anreden, Schlußformeln und Einladungskarten unterschiedlich gestalten. Im gesellschaftlichen Umgang gelten andere Gepflogenheiten als im geschäftlichen oder dienstlichen Verkehr. Ebenso können der Anlaß der Kontaktnahme, die dabei obwaltenden Umstände oder die Stellung der Beteiligten zueinander zu besonderen Formulierungen führen, die auf die jeweiligen Gegebenheiten zugeschnitten sind. Die Grenzen sind fließend, vor allem in Zeiten eines politischen und gesellschaftlichen Umbruchs wie heute. Nur in seltenen Fällen ist eine Ausdrucksform die allein korrekte. Selbst das Namensrecht schreibt keine starre Namensführungspflicht vor, sondern läßt Freiheit zu individueller Gestaltung.

Regelmäßig werden mehrere Formulierungen zur Wahl gestellt, und es bleibt dem Benutzer überlassen, sich für einen ihm passend erscheinenden Vorschlag zu entscheiden bzw. bei zusammengefaßten Alternativvorschlägen eine seinem Sprachgefühl entsprechende Formulierung zu finden.

6. Nicht berücksichtigt sind Benennungen, die sich aus besonderen persönlichen Beziehungen der Beteiligten ergeben, z. B. Familienzugehörigkeit, Freundschaft, Berufsleben, Arbeitsplatz, Zugehörigkeit zu Unternehmen, Mitgliedschaft in Gemeinschaften. Solche Benennungen können allerdings, vor allem in der Anrede, zusätzlich zu den hier vorgeschlagenen Formulierungsformen in Betracht kommen, z. B. die Bezeichnung „Herr Kollege".

7. Häufige Fragen nach der Titulierung von Mitgliedern des Adels geben Anlaß, auch hierzu Formulierungen anzubieten. Ohnehin werden im Zuge der sich abzeichnenden europäischen Integration in zunehmendem Maße ausländische Adelsbezeichnungen zu berücksichtigen sein.

Allerdings wäre es unmöglich, eine komplette Orientierungshilfe dafür an die Hand zu geben. Bei der Vielfalt keineswegs homogen aufeinander abgestimmter Titel und Prädikate, angesichts autonomer Hausgesetze, einer kaum übersehbaren Zahl souveräner Gunsterweisungen, regionaler Unterschiede und sich ständig fortentwickelnder Gewohnheiten würde eine vollständige Darstellung den Rahmen dieser Broschüre sprengen. Es war daher unumgänglich, die Vorschläge auf einige Grundmuster zu reduzieren.

Bei Zweifeln, vor allem über das richtige Prädikat, empfiehlt sich ein Nachschlagen im „Genealogischen Handbuch des Adels" oder – soweit erschienen – auch im „Adelslexikon", beide im C. A. Starke Verlag, Limburg a. d. Lahn.

8. Für den Verkehr mit Mitgliedern adeliger Familien des Auslandes sind die Vorschriften des Herkunftslandes maßgeblich.

9. Ein Beratungs- oder Informationsdienst kann nicht übernommen werden.

10. Wertvolle Anregungen zu diesen Hinweisen haben gegeben verantwortliche Mitarbeiter mehrerer oberster Bundes- und Landesbehörden, der kommunalen Spitzenverbände, der Deutschen Forschungsgemeinschaft, der Kirchen, diplomatischer Vertretungen in Bonn sowie in- und ausländischer Institutionen des Adels. Ihnen allen danke ich herzlich. Vor allem habe ich zu danken der

Gesellschaft für deutsche Sprache in Wiesbaden. Sie hat den Gesamtentwurf sprachlich und redaktionell überprüft und manche Fehler und Unklarheiten bereinigt. Ohne all diese Unterstützung hätten diese Hinweise so nicht vorgestellt werden können.

Köln, im Juli 1990   Der Verfasser

Vorwort zur 3. Auflage

Wichtigste Neuerungen der jetzigen 3. Auflage sind:

– Aufnahme eines Rangordnung-Modells für Veranstaltungen im öffentlichen Leben (vgl. Kapitel D., Anhang),

– Berücksichtigung der Rechtschreibreform, soweit angebracht,

– Überprüfung und Aktualisierung der 2. Auflage.

Für hilfreiche Beratungen und Unterstützungen danke ich auch diesmal insbesondere Herrn Dr. v. Hausen vom Deutschen Landkreistag, Bonn.

Köln, im April 1998   Der Verfasser

A. Begriffsbestimmungen

Im Sinne dieser „Hinweise" sind:

1. **Persönlicher Schriftverkehr**
   Schreiben geschäftlichen, dienstlichen oder privaten Charakters zwischen näher bezeichneten Personen mit Anschrift, Anrede und Schlußformel.

2. **Anschrift**
   Bezeichnung des bestimmungsgemäßen Empfängers eines Schriftstücks. Die persönliche Benennung des Adressaten und die sonstigen Teile der postalischen Anschrift mit den postamtlichen Leitangaben bleiben im Rahmen dieser Hinweise außer Betracht.

3. **Anrede**
   Sprachliche Form der Ansprache des Adressaten im schriftlichen und mündlichen Verkehr einschließlich der Anredeformen „Herr", „Frau", „Fräulein".

4. **Schlußformel**
   Höflichkeitsformel, die ein Schreiben abschließt.

5. **Prädikat**
   An öffentliche und kirchliche Ämter und (frühere) Standestitel gebundene Würdenbezeichnung.

6. **Akademischer Grad**
   Nach Maßgabe autonom erlassener Promotionsordnungen von einer wissenschaftlichen Hochschule oder einem Prüfungsamt – auch ehrenhalber – verliehene Würde.

7. **Amtsbezeichnung**
   Von den zuständigen Stellen für Inhaber öffentlicher Ämter geschaffene Bezeichnung; hierzu gehören auch die Bezeichnungen geistlicher Ämter.*

8. **Berufsbezeichnung**
   Bezeichnung von Personen nach der von ihnen ausgeübten Tätigkeit im Erwerbsleben.

9. **Funktionsbezeichnung**
   Bezeichnung des Aufgabenbereichs oder der Stellung einer Person innerhalb einer Institution ohne Rücksicht darauf, ob die Tätigkeit dauernder oder vorübergehender, hauptberuflicher oder nebenberuflicher Art ist.

10. **Ehrentitel**
    Zur Anerkennung für besondere Verdienste und zur Ehrung vom Staat oder mit seiner Genehmigung verliehene Bezeichnung.

---

* Die Bezeichnung „Professor"/„Professorin" kann akademische Bezeichnung, Ehrentitel oder Amtsbezeichnung sein.

B. Allgemeine Hinweise

1. Grundsätzlich sind Amtsbezeichnungen, Titel, Prädikate usw. nur zu verwenden, wenn sie dem Empfänger (Gesprächspartner) zustehen und unserer staatlichen Ordnung nicht zuwiderlaufen. Ehegatten haben nur auf die jeweils selbst erworbenen Bezeichnungen Anspruch.

2. Staatsoberhäupter, Minister und Botschafter des Auslandes haben in der Regel Anspruch auf das Prädikat „Exzellenz", soweit nicht andere Prädikate in Betracht kommen (z. B. bei Monarchen „Majestät").

3. Bei mehreren Amts-, Berufs- und Funktionsbezeichnungen oder Titeln ist vor allem die Bezeichnung zu wählen, die den stärksten Bezug zum Anlaß der Kontaktnahme hat. Im Zweifel sollte die höchste, wichtigste Bezeichnung gewählt werden oder die, mit der die Person des Empfängers im allgemeinen Bewußtsein am stärksten verknüpft ist. Nicht entscheidend ist, ob die gewählte Bezeichnung gesetzlich geschützt ist oder nicht. Allgemeine Berufs- und Funktionsbezeichnungen ohne nähere Präzisierung (z. B. „Journalist", „Politiker") sind nicht zu empfehlen.

   Ob neben der zunächst gewählten Bezeichnung noch weitere aufzuführen sind, ist von Fall zu Fall zu entscheiden.

4. Frühere Amtsbezeichnungen werden – vor allem in der Anschrift – verwendet, wenn sie dem Adressaten zustehen. Dies gilt für Beamte im Ruhestand, die nach § 81 des Bundesbeamtengesetzes und den entsprechenden Regelungen in den Beamtengesetzen der Länder berechtigt sind, ihre früheren Amtsbezeichnungen mit dem Zusatz „außer Dienst" („a. D.") zu führen.

5. Bei mehreren früheren Ämtern sollte zunächst die höchste Amtsbezeichnung verwendet werden oder, wenn die früheren Ämter gleichrangig waren, die letzte. Im übrigen siehe Ziffer 3 Absatz 2.

   Wünscht jemand die Verwendung seiner früheren Amtsbezeichnung nicht, so sollte das berücksichtigt werden.

6. Gründe der Höflichkeit können den Gebrauch von Prädikaten und früheren Amts-, Berufs- und Funktionsbezeichnungen – letztere in der Anschrift mit dem Zusatz „a. D." – auch nahelegen, wenn ein Anrecht darauf nicht besteht.

   Ebenso kann die Nennung des früheren Amtes oder der früheren Funktion in gekürzter Form angezeigt sein, z. B. lediglich „Herr Präsident" ohne Nennung des früheren Amtes.

7. Handschriftliche Anreden und Schlußformeln können einem Schreiben einen zuvorkommenden, ehrerbietigen Charakter geben.

8. Die Stellvertreterbezeichnung „Vize-" wird regelmäßig in der Anschrift, selten in der Anrede gebraucht.

9. In der Anschrift stehen Prädikat, Anredeform, Ehrentitel sowie Amts-, Berufs- und Funktionsbezeichnung im Dativ. Bei Verwendung der einleitenden Worte „An", „An den", „An die", „An das" sind sie in den Akkusativ zu setzen.

10. Die Bezeichnung des Empfängers in der Anschrift umfaßt
- etwaiges Prädikat
- Anredeform „Herr" („Frau", falls gewünscht: „Fräulein")
- Ehrentitel
- akademischer Grad
- Vor- und Familienname
- Amts-, Berufs- oder Funktionsbezeichnung

Die Amts-, Berufs- und Funktionsbezeichnung wird
- unmittelbar nach der Anredeform
  oder
- mit den Worten „An", „An den", „An die", „An das" vor die Anredeform
  oder
- an den Schluß der Empfängerbezeichnung gesetzt.

Die Anschriftenmuster des Abschnitts C bevorzugen die beiden ersten Varianten. Die zweite Variante kommt vor allem bei umfangreichen oder einer Mehrzahl von Amts-, Berufs- oder Funktionsbezeichnungen, Titeln und akademischen Graden in Betracht, um den Zusammenhang zwischen Anredeform und Namen nicht aufzulösen. Die dritte Variante ist bei privatem Charakter des Schreibens angebracht, doch findet sie zunehmend auch in offiziellen Schreiben Verwendung.

Die Anschriftenmuster sind keine Modelle für die Aufteilung der Empfängerbezeichnung auf die einzelnen Zeilen einer Anschrift. So stehen z. B. die einleitenden Worte „An", „An den", „An die", „An das" anders als in den folgenden Mustern meistens allein auf der ersten Zeile.

11. Abkürzungen von Namen sowie der Anredeformen „Herr", „Frau", ferner von Amts-, Berufs- und Funktionsbezeichnungen sollten vermieden werden. Das gilt jedoch nicht ohne Ausnahmen, z. B. „P." für „Pater", „M." für „Mater", desgleichen werden abgekürzt: der Doktortitel („Dr."), wenn ihm der Name folgt, und der nachgestellte Zusatz „außer Dienst" („a. D.").

Prädikate werden in Anschriften und Einladungskarten oft gekürzt, so „S. E." für „Seine(r) Exzellenz", „I. E." für „Ihre(r) Exzellenz", „I. I. E. E." für „Ihre(n) Exzellenzen".

12. Die schriftliche Anrede beginnt in der Regel mit Höflichkeitsworten, z. B. „Sehr verehrter/geehrter"; sie entfallen bei Verwendung eines Prädikats.

13. Die Anrede „Gnädige Frau" ist eine Bezeichnung der Höflichkeit im gesellschaftlichen Verkehr. Von Fall zu Fall kann sie auch im öffentlichen Leben angebracht sein.

14. Ämter werden in der schriftlichen und mündlichen Anrede nicht näher spezifiziert; Fachminister, z. B. der Bundesminister für Arbeit und Sozialordnung, werden – wenn nicht einfach mit Namen – als „Herr Bundesminister" angeredet.

15. In der Anrede wird bei langen Amts-, Berufs- und Funktionsbezeichnungen gern einer Kurzform der Vorzug gegeben. So wird z. B. der Präsident (die

Präsidentin) des Deutschen Bundestages meist mit „Herr Präsident" („Frau Präsidentin") angesprochen.

16. Allgemein wird in der schriftlichen und mehr noch in der mündlichen Anrede auf Prädikate, Amts-, Berufs- und Funktionsbezeichnungen, Ehrentitel und akademische Grade zugunsten der Anrede „Herr..."/„Frau..." um so eher verzichtet, je weniger offiziell das Schreiben (Gespräch) ist.

17. Staatsoberhäupter werden erst angeredet, nachdem sie das Gespräch begonnen haben.

18. Schlußformeln bringen den Charakter des Schreibens (offiziell, dienstlich, geschäftlich, gesellschaftlich oder privat) und zugleich die persönlichen Beziehungen zwischen Absender und Adressat zum Ausdruck. Die Gestaltungsmöglichkeiten sind vielfältig. Diese Hinweise beschränken sich auf Höflichkeitsformeln bei offiziellen Schreiben.

19. Auf Einladungskarten geschieht die Titulierung der eingeladenen Person in der Regel in dieser Reihenfolge: etwaiges Prädikat, Anredeform, Amts-, Berufs- oder Funktionsbezeichnung, Titel, akademischer Grad, Vor- und Familienname; längere Amts-, Berufs- oder Funktionsbezeichnungen werden meist an den Schluß gesetzt.

20. Einladungen an Adressaten, für die die Muster des Abschnitts C keine Einladungskarten vorsehen, werden durch persönlich gezeichnetes Anschreiben ausgesprochen.

Vorgedruckte Einladungskarten werden höflichkeitshalber handschriftlich ausgefüllt.

21. Bei Schreiben an Ehepaare werden in der Anschrift entweder beide Adressaten gemeinsam aufgeführt (z. B. „Herrn und Frau...") oder nacheinander die vollen Titulierungen eines jeden Ehegatten gesetzt (z. B. „Herrn... und Frau...").

Selbstverständlich ist dem Absender überlassen, an erster Stelle die Ehefrau zu nennen. Manchmal kann das geradezu auf der Hand liegen, z. B. bei einer Gratulation zur Geburt eines Kindes.

Prädikate, die beiden Ehegatten zustehen, werden nebeneinander vorangestellt (z. B. „Seiner Hoheit", „Ihrer Hoheit").

22. Bei Einladungen unverheirateter Paare sollten die vollen Titulierungen der beiden Geladenen genannt und keine Inkognitobezeichnungen wie „und eine Begleitung" gesetzt werden.

C. Muster

Klammerzusätze enthalten Erläuterungen oder Ergänzungen oder beziehen sich auf weitere Adressaten, für die dieselben Formulierungsvorschläge gelten. **Schrägstriche** stellen zusätzliche oder Alternativformulierungsvorschläge zur Wahl; **doppelte Schrägstriche** schließen eine Kombinierung vorhergehender Benennungen mit nachfolgenden aus. In **Parenthese** gesetzte Worte bedürfen der Konkretisierung von Fall zu Fall.

1. Bundespräsident

Bundespräsident

Anschrift:	Herrn Bundespräsidenten . . .
	(Im internationalen Schriftverkehr:
	An den Bundespräsidenten der Bundesrepublik Deutschland Herrn . . .)
Anrede:	
schriftlich:	Hochverehrter/Sehr verehrter/geehrter Herr Bundespräsident // Herr Bundespräsident
mündlich:	Herr Bundespräsident
Schlußformel:	Mit freundlichen/verbindlichen Grüßen/ Empfehlungen // Mit ausgezeichneter/ vorzüglicher Hochachtung

Ehemaliger Bundespräsident

Anschrift:	Herrn . . . Bundespräsident a. D.
Anrede:	
schriftlich:	Sehr verehrter/geehrter Herr Präsident/ Herr . . .
mündlich:	Herr Präsident/Herr . . .
Schlußformel:	Mit freundlichen/verbindlichen Grüßen/ Empfehlungen // Mit ausgezeichneter/ vorzüglicher Hochachtung
Einladungskarte:	Herrn . . ., Bundespräsidenten a. D.,

Bundespräsidentin

Anschrift:

Frau Bundespräsidentin ...

(Im internationalen Schriftverkehr:

An die Bundespräsidentin
der Bundesrepublik Deutschland
Frau ...)

Anrede:
    schriftlich:

Hochverehrte/Sehr verehrte/geehrte
Frau Bundespräsidentin //
Frau Bundespräsidentin

    mündlich:

Frau Bundespräsidentin

Schlußformel:

Mit freundlichen/verbindlichen Grüßen/
Empfehlungen // Mit ausgezeichneter/
vorzüglicher Hochachtung

Ehemalige Bundespräsidentin

Anschrift:

Frau ...
Bundespräsidentin a. D.

Anrede:
    schriftlich:

Sehr verehrte/geehrte Frau Präsidentin/
Frau ...

    mündlich:

Frau Präsidentin/Frau ...

Schlußformel:

Mit freundlichen/verbindlichen Grüßen/
Empfehlungen // Mit ausgezeichneter/
vorzüglicher Hochachtung

Einladungskarte:

Frau ...
Bundespräsidentin a. D.,

2. Bundesregierung

Bundeskanzler

Anschrift:	Herrn Bundeskanzler ...
	(Im internationalen Schriftverkehr:
	An den Bundeskanzler der Bundesrepublik Deutschland Herrn ...)
Anrede: schriftlich:	Sehr verehrter/geehrter Herr Bundeskanzler // Herr Bundeskanzler
mündlich:	Herr Bundeskanzler
Schlußformel:	Mit freundlichen/verbindlichen Grüßen/ Empfehlungen // Mit ausgezeichneter/ vorzüglicher Hochachtung
Einladungskarte*:	Herrn Bundeskanzler ...

Ehemaliger Bundeskanzler

Anschrift: Falls im öffentlichen Leben stehend: die hieraus folgende Bezeichnung; zum Beispiel:	An den Vorsitzenden des/der ... Herrn ..., MdB (je nach Anlaß ggf.: Bundeskanzler a. D.)
Falls nicht mehr im öffentlichen Leben stehend:	Herrn ... Bundeskanzler a. D.
Anrede: Falls im öffentlichen Leben stehend: die hieraus folgende Bezeichnung; zum Beispiel:	
schriftlich:	Sehr geehrter Herr Vorsitzender/Abgeordneter/Herr ...
mündlich:	Herr Vorsitzender/Abgeordneter // Herr ...

---

* Besser: persönlich gezeichnetes Schreiben.

Bundeskanzlerin

Anschrift:	Frau Bundeskanzler/Bundeskanzlerin . . .
	(Im internationalen Schriftverkehr:
	An den Bundeskanzler/die Bundeskanzlerin der Bundesrepublik Deutschland Frau . . .)
Anrede:	
schriftlich:	Sehr verehrte/geehrte Frau Bundeskanzler/ Bundeskanzlerin // Frau Bundeskanzler/ Bundeskanzlerin
mündlich:	Frau Bundeskanzler/Bundeskanzlerin
Schlußformel:	Mit freundlichen/verbindlichen Grüßen/ Empfehlungen // Mit ausgezeichneter/ vorzüglicher Hochachtung
Einladungskarte*:	Frau Bundeskanzler/Bundeskanzlerin . . .

Ehemalige Bundeskanzlerin

Anschrift:	
Falls im öffentlichen Leben stehend: die hieraus folgende Bezeichnung; zum Beispiel:	An die Vorsitzende des/der . . . Frau . . ., MdB (je nach Anlaß ggf.: Bundeskanzler a. D./Bundeskanzlerin a. D.)
Falls nicht mehr im öffentlichen Leben stehend:	Frau . . . Bundeskanzler a. D./Bundeskanzlerin a. D.
Anrede:	
Falls im öffentlichen Leben stehend: die hieraus folgende Bezeichnung; zum Beispiel:	
schriftlich:	Sehr geehrte Frau Vorsitzende/Abgeordnete/ Frau . . .
mündlich:	Frau Vorsitzende/Abgeordnete // Frau . . .

---

* Besser: persönlich gezeichnetes Schreiben.

Falls nicht mehr im öffentlichen Leben stehend:	
schriftlich:	Sehr geehrter Herr ...
mündlich:	Herr ...
Schlußformel:	Mit freundlichen/verbindlichen Grüßen/ Empfehlungen // Mit ausgezeichneter/ vorzüglicher Hochachtung

Einladungskarte:
Falls im öffentlichen Leben
stehend: die hieraus folgende
Bezeichnung; zum Beispiel: Herrn Vorsitzenden . . ., MdB,
                                    (je nach Anlaß ggf.: Bundeskanzler a. D.,)

Falls nicht mehr im öffent-
lichen Leben stehend: Herrn . . .,
                                    Bundeskanzler a. D.,

Bundesminister

Anschrift:	Herrn Bundesminister des (der, für) ...*
Anrede:	
schriftlich:	Sehr geehrter Herr Bundesminister/Minister
mündlich:	Herr Bundesminister/Herr Minister // Herr ...
Schlußformel:	Mit freundlichen/verbindlichen Grüßen/ Empfehlungen // Mit ausgezeichneter/ vorzüglicher Hochachtung
Einladungskarte:	Herrn Bundesminister ... (ohne Angabe des Ressorts)

---

* „des Auswärtigen", „des Innern", „der Justiz", „der Finanzen", „der Verteidigung": im übrigen „für", z. B. für Wirtschaft.

Falls nicht mehr im öffentlichen Leben stehend:	
schriftlich:	Sehr geehrte Frau ...
mündlich:	Frau ...
Schlußformel:	Mit freundlichen/verbindlichen Grüßen/ Empfehlungen // Mit ausgezeichneter/ vorzüglicher Hochachtung
Einladungskarte: Falls im öffentlichen Leben stehend: die hieraus folgende Bezeichnung; zum Beispiel:	Frau Vorsitzende ..., MdB, (je nach Anlaß ggf.: Bundeskanzler a. D./Bundeskanzlerin a. D.,)
Falls nicht mehr im öffentlichen Leben stehend:	Frau ..., Bundeskanzler a. D./Bundeskanzlerin a. D.,

Bundesministerin

Anschrift:	Frau Bundesminister/Bundesministerin des (der, für) ...*
Anrede: schriftlich:	Sehr geehrte Frau Bundesminister/ Bundesministerin/Minister/Ministerin
mündlich:	Frau Bundesminister/Bundesministerin/Minister/Ministerin // Frau ...
Schlußformel:	Mit freundlichen/verbindlichen Grüßen/ Empfehlungen // Mit ausgezeichneter/ vorzüglicher Hochachtung
Einladungskarte:	Frau Bundesminister/Bundesministerin ... (ohne Angabe des Ressorts)

---

* „des Auswärtigen", „des Innern", „der Justiz", „der Finanzen", „der Verteidigung"; im übrigen „für", z. B. für Wirtschaft.

Ehemaliger Bundesminister

Anschrift:

 Falls im öffentlichen Leben
stehend: die hieraus folgende
Bezeichnung; zum Beispiel: Herrn Bundestagsabgeordneten ...

 Falls nicht mehr im öffentlichen Leben stehend: Herrn ...
              Bundesminister a. D.

Anrede:

 Falls im öffentlichen Leben
stehend: die hieraus folgende
Bezeichnung; zum Beispiel:

 schriftlich: Sehr geehrter Herr Abgeordneter/Herr ...

 mündlich: Herr Abgeordneter // Herr ...

 Falls nicht mehr im öffentlichen Leben stehend:

 schriftlich: Sehr geehrter Herr ...

 mündlich: Herr ...

Schlußformel: Mit freundlichen/verbindlichen Grüßen/
              Empfehlungen // Mit ausgezeichneter/
              vorzüglicher Hochachtung

Einladungskarte:

 Falls im öffentlichen Leben
stehend: die hieraus folgende
Bezeichnung; zum Beispiel: Herrn ..., MdB,

 Falls nicht mehr im öffentlichen Leben stehend: Herrn ...,
              Bundesminister a. D.,

Ehemalige Bundesministerin

Anschrift:

    Falls im öffentlichen Leben stehend: die hieraus folgende Bezeichnung; zum Beispiel: Frau Bundestagsabgeordnete ...

    Falls nicht mehr im öffentlichen Leben stehend:

            Frau ...
            Bundesminister a. D./Bundesministerin a. D.

Anrede:

    Falls im öffentlichen Leben stehend: die hieraus folgende Bezeichnung; zum Beispiel:

    schriftlich: Sehr geehrte Frau Abgeordnete/Frau ...

    mündlich: Frau Abgeordnete // Frau ...

    Falls nicht mehr im öffentlichen Leben stehend:

    schriftlich: Sehr geehrte Frau ...

    mündlich: Frau ...

Schlußformel: Mit freundlichen/verbindlichen Grüßen/ Empfehlungen //Mit ausgezeichneter/ vorzüglicher Hochachtung

Einladungskarte:

    Falls im öffentlichen Leben stehend: die hieraus folgende Bezeichnung; zum Beispiel: Frau ..., MdB,

    Falls nicht mehr im öffentlichen Leben stehend:

            Frau ...
            Bundesminister a. D./Bundesministerin a. D.,

Staatsminister

Anschrift:	An den Staatsminister beim Bundeskanzler (bei der Bundeskanzlerin, beim Bundesminister des Auswärtigen, bei der Bundesministerin des Auswärtigen) Herrn ...
Anrede: schriftlich:	Sehr geehrter Herr Staatsminister/Herr ...
mündlich:	Herr Staatsminister // Herr ...
Schlußformel:	Mit freundlichen/verbindlichen Grüßen/ Empfehlungen // Mit vorzüglicher Hochachtung
Einladungskarte:	Herrn Staatsminister ...

Parlamentarischer Staatssekretär

Anschrift:	An den Parlamentarischen Staatssekretär beim Bundesminister (bei der Bundesministerin) des (der, für) ... Herrn ...
Anrede: schriftlich:	Sehr geehrter Herr Parlamentarischer Staatssekretär/Herr ...
mündlich:	Herr Staatssekretär // Herr ...
Schlußformel:	Mit freundlichen/verbindlichen Grüßen/ Empfehlungen // Mit vorzüglicher Hochachtung
Einladungskarte:	Herrn Parlamentarischen Staatssekretär ...

Staatsministerin

Anschrift:

An den Staatsminister/die Staatsministerin beim Bundeskanzler (bei der Bundeskanzlerin, beim Bundesminister des Auswärtigen, bei der Bundesministerin des Auswärtigen) Frau...

Anrede:
schriftlich:

Sehr geehrte Frau Staatsminister/Staatsministerin/Frau...

mündlich:

Frau Staatsminister/Staatsministerin // Frau...

Schlußformel:

Mit freundlichen/verbindlichen Grüßen/ Empfehlungen // Mit vorzüglicher Hochachtung

Einladungskarte:

Frau Staatsminister/Staatsministerin...

Parlamentarische Staatssekretärin

Anschrift:

An die Parlamentarische Staatssekretärin beim Bundesminister (bei der Bundesministerin) des (der, für)... Frau...

Anrede:
schriftlich:

Sehr geehrte Frau Parlamentarische Staatssekretärin/Frau...

mündlich:

Frau Staatssekretärin // Frau...

Schlußformel:

Mit freundlichen/verbindlichen Grüßen/ Empfehlungen // Mit vorzüglicher Hochachtung

Einladungskarte:

Frau Parlamentarische Staatssekretärin...

3. Deutscher Bundestag

Präsident des Deutschen Bundestages

Anschrift:	An den Präsidenten des Deutschen Bundestages Herrn ...
Anrede: schriftlich:	Sehr verehrter/geehrter Herr Bundestagspräsident/Präsident // Herr Bundestagspräsident/Präsident
mündlich:	Herr Bundestagspräsident/ Herr Präsident
Schlußformel:	Mit freundlichen/verbindlichen Grüßen/Empfehlungen // Mit ausgezeichneter/vorzüglicher Hochachtung
Einladungskarte*:	Herrn Bundestagspräsidenten ...

Ehemaliger Präsident des Deutschen Bundestages

Anschrift: Falls im öffentlichen Leben stehend: die hieraus folgende Bezeichnung; zum Beispiel:	An den Abgeordneten des Deutschen Bundestages Herrn ...
Falls nicht mehr im öffentlichen Leben stehend:	Herrn ... Präsident des Deutschen Bundestages a. D.
Anrede: Falls im öffentlichen Leben stehend: die hieraus folgende Bezeichnung; zum Beispiel:	
schriftlich:	Sehr geehrter Herr Abgeordneter/Herr ...
mündlich:	Herr Abgeordneter // Herr ...
Falls nicht mehr im öffentlichen Leben stehend:	
schriftlich:	Sehr geehrter Herr ...
mündlich:	Herr ...

---

* Besser: persönlich gezeichnetes Schreiben.

Präsidentin des Deutschen Bundestages

Anschrift:

An die Präsidentin
des Deutschen Bundestages
Frau ...

Anrede:
   schriftlich:

Sehr verehrte/geehrte Frau Bundestagspräsidentin/Präsidentin // Frau Bundestagspräsidentin/Präsidentin

   mündlich:

Frau Bundestagspräsidentin //
Frau Präsidentin

Schlußformel:

Mit freundlichen/verbindlichen Grüßen/
Empfehlungen // Mit ausgezeichneter/
vorzüglicher Hochachtung

Einladungskarte*:

Frau Bundestagspräsidentin ...

Ehemalige Präsidentin des Deutschen Bundestages

Anschrift:
   Falls im öffentlichen Leben
   stehend: die hieraus folgende
   Bezeichnung; zum Beispiel:

An die Abgeordnete des Deutschen
Bundestages
Frau ...

   Falls nicht mehr im öffentlichen Leben stehend:

Frau ...
Präsidentin des Deutschen Bundestages a. D.

Anrede:
   Falls im öffentlichen Leben
   stehend: die hieraus folgende
   Bezeichnung; zum Beispiel:

   schriftlich:

Sehr geehrte Frau Abgeordnete/Frau ...

   mündlich:

Frau Abgeordnete // Frau ...

   Falls nicht mehr im öffentlichen
   Leben stehend:

   schriftlich:

Sehr geehrte Frau ...

   mündlich:

Frau ...

---

*   Besser: persönlich gezeichnetes Schreiben.

Schlußformel:	Mit freundlichen/verbindlichen Grüßen/ Empfehlungen // Mit ausgezeichneter/ vorzüglicher Hochachtung
Einladungskarte: Falls im öffentlichen Leben stehend: die hieraus folgende Bezeichnung; zum Beispiel:	Herrn . . ., MdB,
Falls nicht mehr im öffentlichen Leben stehend:	Herrn . . ., Bundestagspräsidenten a. D.,

Vizepräsident des Deutschen Bundestages

Anschrift:	An den Vizepräsidenten des Deutschen Bundestages Herrn . . .
Anrede: schriftlich:	Sehr geehrter Herr Präsident // Herr Präsident
mündlich:	Herr Präsident // Herr . . .
Schlußformel:	Mit freundlichen/verbindlichen Grüßen/ Empfehlungen // Mit ausgezeichneter/ vorzüglicher Hochachtung
Einladungskarte:	Herrn Präsidenten . . .

Fraktionsvorsitzender

Anschrift:	An den Vorsitzenden der Fraktion der . . . im Deutschen Bundestag Herrn . . .
Anrede: schriftlich:	Sehr geehrter Herr Vorsitzender/ Abgeordneter/Herr . . .
mündlich:	Herr Vorsitzender // Herr Abgeordneter // Herr . . .
Schlußformel:	Mit freundlichen/verbindlichen Grüßen/ Empfehlungen // Mit ausgezeichneter/ vorzüglicher Hochachtung
Einladungskarte:	Herrn . . ., MdB,

Schlußformel:	Mit freundlichen/verbindlichen Grüßen/ Empfehlungen // Mit ausgezeichneter/ vorzüglicher Hochachtung

Einladungskarte:
Falls im öffentlichen Leben
stehend: die hieraus folgende
Bezeichnung; zum Beispiel: Frau ..., MdB,

Falls nicht mehr im öffentlichen Leben stehend: Frau ...
Bundestagspräsidentin a. D.,

Vizepräsidentin des Deutschen Bundestages

Anschrift: An die Vizepräsidentin
des Deutschen Bundestages
Frau ...

Anrede:
schriftlich: Sehr geehrte Frau Präsidentin //
Frau Präsidentin

mündlich: Frau Präsidentin // Frau ...

Schlußformel: Mit freundlichen/verbindlichen Grüßen/
Empfehlungen // Mit ausgezeichneter/
vorzüglicher Hochachtung

Einladungskarte: Frau Präsidentin ...

Fraktionsvorsitzende

Anschrift: An die Vorsitzende der Fraktion der ...
im Deutschen Bundestag
Frau ...

Anrede:
schriftlich: Sehr geehrte Frau Vorsitzende/
Abgeordnete/Frau ...

mündlich: Frau Vorsitzende // Frau Abgeordnete //
Frau ...

Schlußformel: Mit freundlichen/verbindlichen Grüßen/
Empfehlungen // Mit vorzüglicher
Hochachtung

Einladungskarte: Frau ..., MdB,

Ausschußvorsitzender

Anschrift: An den Vorsitzenden des ... ausschusses (des
                                    Ausschusses für ...) des Deutschen Bundes-
                                    tages
                                    Herrn ...

Anrede:
   schriftlich: Sehr geehrter Herr Vorsitzender/
                                    Abgeordneter/Herr ...

   mündlich: Herr Vorsitzender/Abgeordneter // Herr ...

Schlußformel: Mit freundlichen/verbindlichen Grüßen/
                                    Empfehlungen // Mit vorzüglicher
                                    Hochachtung

Einladungskarte: Herrn ..., MdB,

Parlamentarischer Geschäftsführer

Anschrift: An den Parlamentarischen Geschäftsführer
                                    der Fraktion der ... im Deutschen Bundestag
                                    Herrn ...

Anrede:
   schriftlich: Sehr geehrter Herr Abgeordneter/Herr ...

   mündlich: Herr Abgeordneter // Herr ...

Schlußformel: Mit freundlichen/verbindlichen Grüßen/
                                    Empfehlungen // Mit vorzüglicher
                                    Hochachtung

Einladungskarte: Herrn ..., MdB,

Mitglied des Bundestages

Anschrift: An den Abgeordneten des Deutschen
                                    Bundestages
                                    Herrn ...

Anrede:
   schriftlich: Sehr geehrter Herr Abgeordneter/Herr ...

   mündlich: Herr Abgeordneter // Herr ...

Schlußformel: Mit freundlichen/verbindlichen Grüßen/
                                    Empfehlungen // Mit vorzüglicher
                                    Hochachtung

Einladungskarte: Herrn ..., MdB,

Ausschußvorsitzende

Anschrift:	An die Vorsitzende des ... ausschusses (des Ausschusses für ...) des Deutschen Bundestages Frau ...
Anrede: schriftlich:	Sehr geehrte Frau Vorsitzende/Abgeordnete/Frau ...
mündlich:	Frau Vorsitzende/Abgeordnete // Frau ...
Schlußformel:	Mit freundlichen/verbindlichen Grüßen/Empfehlungen // Mit vorzüglicher Hochachtung
Einladungskarte:	Frau ..., MdB,

Parlamentarische Geschäftsführerin

Anschrift:	An die Parlamentarische Geschäftsführerin der Fraktion der ... im Deutschen Bundestag Frau ...
Anrede: schriftlich:	Sehr geehrte Frau Abgeordnete/Frau ...
mündlich:	Frau Abgeordnete // Frau ...
Schlußformel:	Mit freundlichen/verbindlichen Grüßen/Empfehlungen // Mit vorzüglicher Hochachtung
Einladungskarte:	Frau ..., MdB,

Mitglied des Bundestages

Anschrift:	An die Abgeordnete des Deutschen Bundestages Frau ...
Anrede: schriftlich:	Sehr geehrte Frau Abgeordnete/Frau ...
mündlich:	Frau Abgeordnete // Frau ...
Schlußformel:	Mit freundlichen/verbindlichen Grüßen/Empfehlungen // Mit vorzüglicher Hochachtung
Einladungskarte:	Frau ..., MdB,

4. Bundesrat

Präsident des Bundesrates

Anschrift:	An den Präsidenten des Bundesrates Herrn Ministerpräsidenten (Berlin: Regierenden Bürgermeister; Freie Hansestadt Bremen: Bürgermeister; Freie und Hansestadt Hamburg: Ersten Bürgermeister) . . .
Anrede: schriftlich:	Sehr verehrter/geehrter Herr Präsident // Herr Präsident
mündlich:	Herr Präsident
Schlußformel:	Mit freundlichen/verbindlichen Grüßen/ Empfehlungen // Mit ausgezeichneter/vorzüg- licher Hochachtung
Einladungskarte*:	Herrn Bundesratspräsidenten . . .

Vizepräsident des Bundesrates

Anschrift:	An den Vizepräsidenten des Bundesrates Herrn Ministerpräsidenten (Berlin: Regierenden Bürgermeister; Freie Hansestadt Bremen: Bürgermeister; Freie und Hansestadt Hamburg: Ersten Bürgermeister) . . .
Anrede: schriftlich:	Sehr verehrter/geehrter Herr Präsident // Herr Präsident
mündlich:	Herr Präsident
Schlußformel:	Mit freundlichen/verbindlichen Grüßen/ Empfehlungen // Mit ausgezeichneter/ vorzüglicher Hochachtung
Einladungskarte:	Herrn Präsidenten . . .

---

* Besser: persönlich gezeichnetes Schreiben.

Präsidentin des Bundesrates

Anschrift:	An die Präsidentin des Bundesrates Frau Ministerpräsidentin (Berlin: Regierende Bürgermeisterin; Freie Hansestadt Bremen: Bürgermeisterin; Freie und Hansestadt Hamburg: Erste Bürgermeisterin) …
Anrede: schriftlich:	Sehr verehrte/geehrte Frau Präsidentin // Frau Präsidentin
mündlich:	Frau Präsidentin
Schlußformel:	Mit freundlichen/verbindlichen Grüßen/ Empfehlungen // Mit ausgezeichneter/ vorzüglicher Hochachtung
Einladungskarte*:	Frau Bundesratspräsidentin …

Vizepräsidentin des Bundesrates

Anschrift:	An die Vizepräsidentin des Bundesrates Frau Ministerpräsidentin (Berlin: Regierende Bürgermeisterin; Freie Hansestadt Bremen: Bürgermeisterin; Freie und Hansestadt Hamburg: Erste Bürgermeisterin) …
Anrede: schriftlich:	Sehr verehrte/geehrte Frau Präsidentin // Frau Präsidentin
mündlich:	Frau Präsidentin
Schlußformel:	Mit freundlichen/verbindlichen Grüßen/ Empfehlungen // Mit ausgezeichneter/ vorzüglicher Hochachtung
Einladungskarte:	Frau Präsidentin …

---

*   Besser: persönlich gezeichnetes Schreiben.

5. Bundesverfassungsgericht

Präsident (Vizepräsident) des Bundesverfassungsgerichts

Anschrift:

An den Präsidenten (Vizepräsidenten)
des Bundesverfassungsgerichts
Herrn ...

Anrede:
schriftlich:

Sehr verehrter/geehrter Herr Präsident //
Herr Präsident

mündlich:

Herr Präsident

Schlußformel:

Mit freundlichen/verbindlichen Grüßen/
Empfehlungen // Mit ausgezeichneter/
vorzüglicher Hochachtung

Einladungskarte*:

Herrn Präsidenten ...

Ehemaliger Präsident des Bundesverfassungsgerichts

Anschrift:

An den Präsidenten des Bundesverfassungsgerichts a. D.
Herrn ...

Anrede:
schriftlich:

Sehr geehrter Herr Präsident/Herr ...

mündlich:

Herr ...

Schlußformel:

Mit freundlichen/verbindlichen Grüßen/
Empfehlungen // Mit ausgezeichneter/
vorzüglicher Hochachtung

Einladungskarte:

Herrn ...,
Präsidenten des Bundesverfassungsgerichts
a. D.,

---

* Besser: persönlich gezeichnetes Schreiben.

Präsidentin (Vizepräsidentin) des Bundesverfassungsgerichts

Anschrift:

An die Präsidentin (Vizepräsidentin)
des Bundesverfassungsgerichts
Frau . . .

Anrede:
  schriftlich:

Sehr verehrte/geehrte Frau Präsidentin // Frau
Präsidentin

  mündlich:

Frau Präsidentin

Schlußformel:

Mit freundlichen/verbindlichen Grüßen/
Empfehlungen // Mit ausgezeichneter/
vorzüglicher Hochachtung

Einladungskarte*:

Frau Präsidentin . . .

Ehemalige Präsidentin des Bundesverfassungsgerichts

Anschrift:

An die Präsidentin des Bundesverfassungsgerichts a. D.
Frau . . .

Anrede:
  schriftlich:

Sehr geehrte Frau Präsidentin/Frau . . .

  mündlich:

Frau . . .

Schlußformel:

Mit freundlichen/verbindlichen Grüßen/
Empfehlungen // Mit ausgezeichneter/
vorzüglicher Hochachtung

Einladungskarte:

Frau . . .,
Präsidentin des Bundesverfassungsgerichts
a. D.,

---

*   Besser: persönlich gezeichnetes Schreiben.

Richter des Bundesverfassungsgerichts

Anschrift:	An den Richter des Bundesverfassungs- gerichts Herrn ...
Anrede: schriftlich:	Sehr geehrter Herr Bundesverfassungsrichter/ Herr ...
mündlich:	Herr Bundesverfassungsrichter // Herr ...
Schlußformel:	Mit freundlichen/verbindlichen Grüßen/ Empfehlungen // Mit vorzüglicher Hochachtung
Einladungskarte:	Herrn Bundesverfassungsrichter ...

Richterin des Bundesverfassungsgerichts

Anschrift:

An die Richterin des Bundesverfassungsgerichts
Frau ...

Anrede:

    schriftlich:

Sehr geehrte Frau Bundesverfassungs-
richterin/Frau ...

    mündlich:

Frau Bundesverfassungsrichterin // Frau ...

Schlußformel:

Mit freundlichen/verbindlichen Grüßen/
Empfehlungen // Mit vorzüglicher
Hochachtung

Einladungskarte:

Frau Bundesverfassungsrichterin ...

6. Beamte, Richter, Soldaten

Präsident des Bundesrechnungshofs

Anschrift:	Herrn Präsidenten des Bundesrechnungshofs ...
Anrede:	
schriftlich:	Sehr geehrter Herr Präsident/Herr ...
mündlich:	Herr Präsident // Herr ...
Schlußformel:	Mit freundlichen/verbindlichen Grüßen/ Empfehlungen // Mit vorzüglicher Hochachtung
Einladungskarte:	Herrn Präsidenten ...

Staatssekretär

Anschrift:	An den Staatssekretär des Bundesministeriums (falls mehrere Staatssekretäre im Ressort: „im Bundesministerium")* des (der, für) ... Herrn ...
Anrede:	
schriftlich:	Sehr geehrter Herr Staatssekretär/Herr ...
mündlich:	Herr Staatssekretär // Herr ...
Schlußformel:	Mit freundlichen/verbindlichen Grüßen/ Empfehlungen // Mit vorzüglicher Hochachtung
Einladungskarte:	Herrn Staatssekretär ... (ohne Angabe des Ressorts)

---

*   –   Sofern keine andere Regelung getroffen worden und diese dem Absender bekannt ist.

    –   Anschrift an Staatssekretär als Behördenleiter:

      An den Leiter (Chef) der (des) ...
      Herrn Staatssekretär ...

Präsidentin des Bundesrechnungshofs

Anschrift:	Frau Präsidentin des Bundesrechnungshofs ...
Anrede:	
schriftlich:	Sehr geehrte Frau Präsidentin/Frau ...
mündlich:	Frau Präsidentin // Frau ...
Schlußformel:	Mit freundlichen/verbindlichen Grüßen/ Empfehlungen // Mit vorzüglicher Hochachtung
Einladungskarte:	Frau Präsidentin ...

Staatssekretärin

Anschrift:	An die Staatssekretärin des Bundesministeriums (falls mehrere Staatssekretärinnen im Ressort: „im Bundesministerium")* des (der, für) ... Frau ...
Anrede:	
schriftlich:	Sehr geehrte Frau Staatssekretärin/Frau ...
mündlich:	Frau Staatssekretärin // Frau ...
Schlußformel:	Mit freundlichen/verbindlichen Grüßen/ Empfehlungen // Mit vorzüglicher Hochachtung
Einladungskarte:	Frau Staatssekretärin ... (ohne Angabe des Ressorts)

---

* – Sofern keine andere Regelung getroffen worden und diese dem Absender bekannt ist.

– Anschrift an Staatssekretärin als Behördenleiterin:
An die Leiterin (Chefin) der (des) ...
Frau Staatssekretärin ...

Staatssekretär im (einstweiligen) Ruhestand

Anschrift:	Herrn Staatssekretär a. D. ...
Anrede:	
schriftlich:	Sehr geehrter Herr ...
mündlich:	Herr ...
Schlußformel:	Mit freundlichen/verbindlichen Grüßen/ Empfehlungen // Mit vorzüglicher Hochachtung
Einladungskarte:	Herrn Staatssekretär a. D. ...

Oberste Gerichtshöfe des Bundes

Anschrift:	Herrn Präsidenten des Bundesgerichtshofs (Bundesverwaltungsgerichts, Bundesfinanzhofs, Bundesarbeitsgerichts, Bundessozialgerichts) ...
Anrede:	
schriftlich:	Sehr geehrter Herr Präsident // Herr Präsident
mündlich:	Herr Präsident // Herr ...
Schlußformel:	Mit freundlichen/verbindlichen Grüßen/ Empfehlungen // Mit vorzüglicher Hochachtung
Einladungskarte:	Herrn Präsidenten ...

Direktor beim Deutschen Bundestag

Anschrift:	An den Direktor beim Deutschen Bundestag Herrn ...
Anrede:	
schriftlich:	Sehr geehrter Herr Direktor/Herr ...
mündlich:	Herr Direktor // Herr ...
Schlußformel:	Mit freundlichen/verbindlichen Grüßen/ Empfehlungen // Mit vorzüglicher Hochachtung
Einladungskarte:	Herrn Direktor ...

Staatssekretärin im (einstweiligen) Ruhestand

Anschrift:	Frau Staatssekretärin a. D. . . .
Anrede:	
schriftlich:	Sehr geehrte Frau . . .
mündlich:	Frau . . .
Schlußformel:	Mit freundlichen/verbindlichen Grüßen/ Empfehlungen // Mit vorzüglicher Hochachtung
Einladungskarte:	Frau Staatssekretärin a. D. . . .

Oberste Gerichtshöfe des Bundes

Anschrift:	Frau Präsidentin des Bundesgerichtshofs (Bundesverwaltungsgerichts, Bundesfinanzhofs, Bundesarbeitsgerichts, Bundessozialgerichts) . . .
Anrede:	
schriftlich:	Sehr geehrte Frau Präsidentin // Frau Präsidentin
mündlich:	Frau Präsidentin // Frau . . .
Schlußformel:	Mit freundlichen/verbindlichen Grüßen/ Empfehlungen // Mit vorzüglicher Hochachtung
Einladungskarte:	Frau Präsidentin . . .

Direktorin beim Deutschen Bundestag

Anschrift:	An die Direktorin beim Deutschen Bundestag Frau . . .
Anrede:	
schriftlich:	Sehr geehrte Frau Direktorin/Frau . . .
mündlich:	Frau Direktorin // Frau . . .
Schlußformel:	Mit freundlichen/verbindlichen Grüßen/ Empfehlungen // Mit vorzüglicher Hochachtung
Einladungskarte:	Frau Direktorin . . .

Wehrbeauftragter

Anschrift:	An den Wehrbeauftragten des Deutschen Bundestages Herrn ...
Anrede: schriftlich:	Sehr geehrter Herr Wehrbeauftragter/ Herr ...
mündlich:	Herr Wehrbeauftragter // Herr ...
Schlußformel:	Mit freundlichen/verbindlichen Grüßen/ Empfehlungen // Mit vorzüglicher Hochachtung
Einladungskarte:	Herrn Wehrbeauftragten ...

Direktor des Bundesrates

Anschrift:	Herrn Direktor des Bundesrates ...
Anrede: schriftlich:	Sehr geehrter Herr Direktor/Herr ...
mündlich:	Herr Direktor // Herr ...
Schlußformel:	Mit freundlichen/verbindlichen Grüßen/ Empfehlungen // Mit vorzüglicher Hochachtung
Einladungskarte:	Herrn Direktor ...

Direktor beim Bundesverfassungsgericht

Anschrift:	An den Direktor beim Bundesverfassungs- gericht Herrn ...
Anrede: schriftlich:	Sehr geehrter Herr Direktor/Herr ...
mündlich:	Herr Direktor // Herr ...
Schlußformel:	Mit freundlichen/verbindlichen Grüßen/ Empfehlungen // Mit vorzüglicher Hochachtung
Einladungskarte:	Herrn Direktor ...

Wehrbeauftragte

Anschrift:	An die Wehrbeauftragte des Deutschen Bundestages Frau ...
Anrede: 　schriftlich:	Sehr geehrte Frau Wehrbeauftragte/ Frau ...
mündlich:	Frau Wehrbeauftragte // Frau ...
Schlußformel:	Mit freundlichen/verbindlichen Grüßen/ Empfehlungen // Mit vorzüglicher Hochachtung
Einladungskarte:	Frau Wehrbeauftragte ...

Direktorin des Bundesrates

Anschrift:	Frau Direktorin des Bundesrates ...
Anrede: 　schriftlich:	Sehr geehrte Frau Direktorin/Frau ...
mündlich:	Frau Direktorin // Frau ...
Schlußformel:	Mit freundlichen/verbindlichen Grüßen/ Empfehlungen // Mit vorzüglicher Hochachtung
Einladungskarte:	Frau Direktorin ...

Direktorin beim Bundesverfassungsgericht

Anschrift:	An die Direktorin beim Bundesverfassungs- gericht Frau ...
Anrede: 　schriftlich:	Sehr geehrte Frau Direktorin/Frau ...
mündlich:	Frau Direktorin // Frau ...
Schlußformel:	Mit freundlichen/verbindlichen Grüßen/ Empfehlungen // Mit vorzüglicher Hochachtung
Einladungskarte:	Frau Direktorin ...

Botschafter

Anschrift:	Herrn Botschafter ...
Anrede:	
schriftlich:	Sehr geehrter Herr Botschafter/Herr ...
mündlich:	Herr Botschafter // Herr ...
Schlußformel:	Mit freundlichen/verbindlichen Grüßen/ Empfehlungen // Mit vorzüglicher Hochachtung
Einladungskarte:	Herrn Botschafter ...

General, Admiral

Anschrift:	Herrn General (Admiral) ...*
Anrede:	
schriftlich:	Sehr geehrter Herr General (Admiral)/ Herr ...
mündlich:	Herr General (Admiral) // Herr ... General (Admiral) ... // Herr ...
Schlußformel:	Mit freundlichen/verbindlichen Grüßen/ Empfehlungen // Mit vorzüglicher Hochachtung
Einladungskarte:	Herrn General (Admiral) ...

Ministerialdirektor

Anschrift:	Herrn Ministerialdirektor ...
Anrede:	
schriftlich:	Sehr geehrter Herr Ministerialdirektor/ Herr ...
mündlich:	Herr ...
Schlußformel:	Mit freundlichen/verbindlichen Grüßen/ Empfehlungen // Mit vorzüglicher Hochachtung
Einladungskarte:	Herrn Ministerialdirektor ...

---

* Etwaige das Amt oder die Funktion des Adressaten konkretisierende Bezeichnungen werden an den Anfang der Anschrift gesetzt, z. B. An den Generalinspekteur der Bundeswehr.

Botschafterin

Anschrift:	Frau Botschafterin ...
Anrede:	
schriftlich:	Sehr geehrte Frau Botschafterin/Frau ...
mündlich:	Frau Botschafterin // Frau ...
Schlußformel:	Mit freundlichen/verbindlichen Grüßen/ Empfehlungen // Mit vorzüglicher Hochachtung
Einladungskarte:	Frau Botschafterin ...

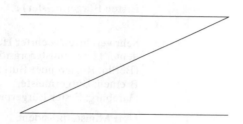

Ministerialdirektorin

Anschrift:	Frau Ministerialdirektorin ...
Anrede:	
schriftlich:	Sehr geehrte Frau Ministerialdirektorin/ Frau ...
mündlich:	Frau ...
Schlußformel:	Mit freundlichen/verbindlichen Grüßen/ Empfehlungen // Mit vorzüglicher Hochachtung
Einladungskarte:	Frau Ministerialdirektorin ...

7. Länder

Ministerpräsident, Regierender Bürgermeister (Berlin), Bürgermeister (Bremen), Erster Bürgermeister (Hamburg)

Anschrift:	An den Ministerpräsidenten des Landes... (Bayern: Bayerischen Ministerpräsidenten; Berlin: Regierenden Bürgermeister; Bremen: Präsidenten des Senats der Freien Hansestadt Bremen; Hamburg: Präsidenten des Senats der Freien und Hansestadt Hamburg; Hessen: Hessischen Ministerpräsidenten; Niedersachsen: Niedersächsischen Ministerpräsidenten; Sachsen: des Freistaates Sachsen) Herrn (Bremen: Bürgermeister; Hamburg: Ersten Bürgermeister)...
Anrede: schriftlich:	Sehr verehrter/geehrter Herr Ministerpräsident // Herr Ministerpräsident (Berlin: Regierender Bürgermeister; Bremen: Bürgermeister; Hamburg: Erster Bürgermeister)
mündlich:	Herr Ministerpräsident (Berlin: Regierender Bürgermeister; Bremen: Bürgermeister; Hamburg: Erster Bürgermeister) // Herr...
Schlußformel:	Mit freundlichen/verbindlichen Grüßen/ Empfehlungen // Mit ausgezeichneter/ vorzüglicher Hochachtung
Einladungskarte:	Herrn Ministerpräsidenten (Berlin: Regierenden Bürgermeister; Bremen: Bürgermeister; Hamburg: Ersten Bürgermeister)...

Ministerpräsidentin, Regierende Bürgermeisterin (Berlin), Bürgermeisterin (Bremen), Erste Bürgermeisterin (Hamburg)

Anschrift:

An die Ministerpräsidentin des Landes . . .
(Bayern: Bayerische Ministerpräsidentin;
Berlin: Regierende Bürgermeisterin;
Bremen: Präsidentin des Senats der Freien
Hansestadt Bremen;
Hamburg: Präsidentin des Senats der Freien
und Hansestadt Hamburg;
Hessen: Hessische Ministerpräsidentin;
Niedersachsen: Niedersächsische Minister-
präsidentin;
Sachsen: des Freistaates Sachsen)
Frau (Bremen: Bürgermeisterin; Hamburg:
Erste Bürgermeisterin) . . .

Anrede:

schriftlich:

Sehr verehrte/geehrte Frau Mini-
sterpräsidentin // Frau Ministerpräsidentin
(Berlin: Regierende Bürgermeisterin;
Bremen: Bürgermeisterin;
Hamburg: Erste Bürgermeisterin)

mündlich:

Frau Ministerpräsidentin;
(Berlin: Regierende Bürgermeisterin;
Bremen: Bürgermeisterin;
Hamburg: Erste Bürgermeisterin) // Frau . . .

Schlußformel:

Mit freundlichen/verbindlichen Grüßen/
Empfehlungen // Mit ausgezeichneter/
vorzüglicher Hochachtung

Einladungskarte:

Frau Ministerpräsidentin
(Berlin: Regierende Bürgermeisterin;
Bremen: Bürgermeisterin;
Hamburg: Erste Bürgermeisterin) . . .

Minister, Senator

Anschrift*: An den Minister
(Bayern, Sachsen: Staatsminister; Berlin und
Bremen: Senator; Hamburg: Präses der
Behörde) des (der, für) ...
des Landes ...
(des Freistaates Bayern, der Freien Hanse-
stadt Bremen, der Freien und Hansestadt
Hamburg, des Saarlandes, des Freistaates
Sachsen)
Herrn (Hamburg: Senator; Hessen und
Rheinland-Pfalz: Staatsminister) ...

Anrede:
  schriftlich: Sehr geehrter Herr Minister
(Staatsminister, Senator) // Sehr geehrter
Herr ...

  mündlich: Herr Minister (Staatsminister, Senator) //
Herr ...

Schlußformel: Mit freundlichen/verbindlichen Grüßen/
Empfehlungen // Mit vorzüglicher
Hochachtung

Einladungskarte: Herrn Minister (Staatsminister, Senator) ...

Landtagspräsident

Anschrift: An den Präsidenten
  – des Landtages von Baden-Württemberg
  – des Bayerischen Landtages
  – des Abgeordnetenhauses von Berlin
  – des Landtages von Brandenburg
  – der Bremischen Bürgerschaft
  – der Hamburgischen Bürgerschaft
  – des Hessischen Landtages
  – des Landtages von Mecklenburg-
    Vorpommern

---

* Wegen der näheren Bezeichnung des vom Adressaten bekleideten Amtes siehe das amtliche „Anschrif-
tenverzeichnis" des Bundesverwaltungsamtes, Barbarastraße 1, 50728 Köln.

Ministerin, Senatorin

Anschrift*:

An den Minister/die Ministerin
(Bayern, Sachsen: Staatsminister/Staatsmini-
sterin; Berlin und Bremen: Senator/Senatorin;
Hamburg: Präses der Behörde) des (der,
für) ...
des Landes ...
(des Freistaates Bayern, der Freien Hansestadt Bremen, der Freien und Hansestadt
Hamburg, des Saarlandes, des Freistaates
Sachsen)
Frau (Hamburg: Senator/Senatorin; Hessen
und Rheinland-Pfalz: Staatsminister/Staats-
ministerin) ...

Anrede:

schriftlich:

Sehr geehrte Frau Minister/Ministerin
(Staatsminister/Staatsministerin, Senator/
Senatorin) // Sehr geehrte Frau ...

mündlich:

Frau Minister/Ministerin (Staatsminister/
Staatsministerin, Senator/Senatorin) // Frau ...

Schlußformel:

Mit freundlichen/verbindlichen Grüßen/
Empfehlungen // Mit vorzüglicher
Hochachtung

Einladungskarte:

Frau Minister/Ministerin (Staatsminister/
Staatsministerin, Senator/Senatorin) ...

Landtagspräsidentin

Anschrift:

An die Präsidentin
– des Landtages von Baden-Württemberg
– des Bayerischen Landtages
– des Landtages von Brandenburg
– des Abgeordnetenhauses von Berlin
– der Bremischen Bürgerschaft
– der Hamburgischen Bürgerschaft
– des Hessischen Landtages
– des Landtages von Mecklenburg-
  Vorpommern

---

* Wegen der näheren Bezeichnung des von der Adressatin bekleideten Amtes siehe das amtliche „Anschrif-
tenverzeichnis" des Bundesverwaltungsamtes, Barbarastraße 1, 50728 Köln.

- des Niedersächsischen Landtages
- des Landtages Nordrhein-Westfalen
- des Landtages Rheinland-Pfalz
- des Landtages des Saarlandes
- des Sächsischen Landtages
- des Landtages von Sachsen-Anhalt
- des Schleswig-Holsteinischen Landtages
- des Thüringer Landtages

Herrn ...

Anrede:	
schriftlich:	Sehr verehrter/geehrter Herr Landtagspräsident // Herr Landtagspräsident (Berlin, Bremen, Hamburg: Präsident)
mündlich:	Herr Präsident // Herr ...
Schlußformel:	Mit freundlichen/verbindlichen Grüßen/ Empfehlungen // Mit vorzüglicher Hochachtung
Einladungskarte:	Herrn Landtagspräsidenten (Berlin, Bremen, Hamburg: Präsidenten) ...

Bayerischer Senat*

Anschrift:	An den Präsidenten des Bayerischen Senats-Herrn ...
Anrede:	
schriftlich:	Sehr verehrter/geehrter Herr Senatspräsident // Herr Senatspräsident
mündlich:	Herr Präsident // Herr ...
Schlußformel:	Mit freundlichen/verbindlichen Grüßen/ Empfehlungen // Mit vorzüglicher Hochachtung
Einladungskarte:	Herrn Senatspräsidenten ...

---

* fällt ab dem Jahr 2000 weg

- des Niedersächsischen Landtages
- des Landtages Nordrhein-Westfalen
- des Landtages Rheinland-Pfalz
- des Landtages des Saarlandes
- des Landtages von Sachsen-Anhalt
- des Sächsischen Landtages
- des Schleswig-Holsteinischen Landtages
- des Thüringer Landtages

Frau ...

Anrede:
   schriftlich:

Sehr verehrte/geehrte Frau Landtagspräsidentin // Frau Landtagspräsidentin (Berlin, Bremen, Hamburg: Präsidentin)

   mündlich:

Frau Präsidentin // Frau ...

Schlußformel:

Mit freundlichen/verbindlichen Grüßen/ Empfehlungen // Mit vorzüglicher Hochachtung

Einladungskarte:

Frau Landtagspräsidentin
(Berlin, Bremen, Hamburg: Präsidentin) ...

Bayerischer Senat*

Anschrift:

An die Präsidentin des Bayerischen Senats
Frau ...

Anrede:
   schriftlich:

Sehr verehrte/geehrte Frau Senatspräsidentin // Frau Senatspräsidentin

   mündlich:

Frau Präsidentin // Frau ...

Schlußformel:

Mit freundlichen/verbindlichen Grüßen/ Empfehlungen // Mit vorzüglicher Hochachtung

Einladungskarte:

Frau Senatspräsidentin ...

---

*   fällt ab dem Jahr 2000 weg

8. Kommunale Verwaltungen

Die Amtsbezeichnungen der Repräsentanten der kommunalen Körperschaften und die damit verbundenen Funktionen sind durch das jeweilige Kommunalverfassungsrecht der Länder unterschiedlich gestaltet. Demgemäß trennt die Broschüre die Anschriftenmuster für die höchsten kommunalen Repräsentanten nach den Flächenstaaten auf, jeweils unter Hinzufügung eines Hinweises darauf, welche Funktion sich damit verbindet.

Die Vertretungskörperschaft ist das in kommunalen Wahlen von der Bürgerschaft für die jeweilige Wahlperiode gewählte Gemeinde-(Stadt-, Kreis-, Bezirks-, Verbands-) „Parlament". Hauptverwaltungsbeamter ist der leitende Beamte der Gemeinde-(Stadt-, Kreis-, Verbands-)Verwaltung. Seine Amtsbezeichnung ist durch das Kommunalverfassungsrecht der Länder unterschiedlich festgelegt.

Die Bezeichnung Bürgermeister und Landrat wird in den Ländern Niedersachsen und Nordrhein-Westfalen für eine Übergangszeit auch für den Vorsitzenden des kommunalen „Parlaments" und nicht nur für den leitenden Verwaltungsbeamten verwendet.

In den neuen Bundesländern ist noch manches im Fluß. Fortentwicklungen des Gesetzes über die Selbstverwaltung der Gemeinden und Landkreise in der DDR vom 17. Mai 1990 (Gbl. S. 255 ff.), auf die sich die folgenden Formulierungen gründen, zeichnen sich ab.

i. Gemeinden, Städte

Anschrift:

Baden-Württemberg

Vorsitzender der Vertretungskörperschaft und zugleich Hauptverwaltungsbeamter	An den Bürgermeister (in Stadtkreisen und Großen Kreisstädten: Oberbürgermeister) von . . ./der Gemeinde (Stadt, Landeshauptstadt) . . . Herrn . . .

Bayern

Vorsitzender der Vertretungskörperschaft und zugleich Hauptverwaltungsbeamter	An den ersten Bürgermeister (in kreisfreien Gemeinden und Großen Kreisstädten: Oberbürgermeister) von . . ./der Gemeinde (Stadt, Landeshauptstadt) . . . Herrn . . .

i. Gemeinden, Städte

Anschrift:

Baden-Württemberg

Vorsitzende der Vertretungs- körperschaft und zugleich Haupt- verwaltungsbeamtin	An die Bürgermeisterin (in Stadtkreisen und Großen Kreisstädten: Oberbürgermeisterin) von . . ./der Gemeinde (Stadt, Landeshaupt- stadt) . . . Frau . . .

Bayern

Vorsitzende der Vertretungs- körperschaft und zugleich Haupt- verwaltungsbeamtin	An die erste Bürgermeisterin (in kreisfreien Gemeinden und Großen Kreisstädten: Oberbürgermeisterin) von . . ./der Gemeinde (Stadt, Landeshaupt- stadt) . . . Frau . . .

Brandenburg

Vorsitzender der Vertretungskörperschaft von amtsangehörigen Gemeinden und Hauptverwaltungsbeamter in amtsfreien und geschäftsführenden Gemeinden

An den Bürgermeister (in kreisfreien Städten: Oberbürgermeister) von .../der Gemeinde (Stadt, Landeshauptstadt) ... Herrn ...

Hessen

Vorsitzender der Vertretungskörperschaft

An den Vorsitzenden der Gemeindevertretung (in Städten: Stadtverordnetenvorsteher) von .../der Gemeinde (Stadt, Landeshauptstadt) ... Herrn ...

Hauptverwaltungsbeamter

Herrn Bürgermeister (in kreisfreien Städten und großen, kreisangehörigen Städten mit mehr als 50 000 Einwohnern: Oberbürgermeister) von .../der Gemeinde (Stadt, Landeshauptstadt) ... Herrn ...

Mecklenburg-Vorpommern

Vorsitzender der Vertretungskörperschaft in ehrenamtlich verwalteten Gemeinden und Hauptverwaltungsbeamter in hauptamtlich verwalteten Gemeinden

An den Bürgermeister (in kreisfreien Städten: Oberbürgermeister, sofern Hauptsatzung nicht die Bezeichnung Bürgermeister vorsieht) von .../der Gemeinde (Stadt, Landeshauptstadt) ... Herrn ...

Niedersachsen*

Vorsitzender der Vertretungskörperschaft und Hauptverwaltungsbeamter

An den Bürgermeister (in kreisfreien und großen selbständigen Städten: Oberbürgermeister) von .../der Gemeinde (Stadt, Landeshauptstadt) ... Herrn ...

Hauptverwaltungsbeamter

An den Gemeindedirektor (Stadtdirektor/ Oberstadtdirektor) von ... Herrn ...

---

* Für eine Übergangszeit gibt es außer dem Bürgermeister/Oberbürgermeister als Vorsitzenden der Vertretungskörperschaft den Stadtdirektor/Gemeindedirektor/Oberstadtdirektor als Hauptverwaltungsbeamten.

Brandenburg

Vorsitzende der Vertretungskörperschaft von amtsangehörigen
Gemeinden und Hauptverwaltungsbeamtin in amtsfreien und
geschäftsführenden Gemeinden

An die Bürgermeisterin (in kreisfreien
Städten: Oberbürgermeisterin)
von . . ./der Gemeinde (Stadt, Landeshauptstadt) . . . Frau . . .

Hessen

Vorsitzende der Vertretungskörperschaft

An die Vorsitzende der Gemeindevertretung
(in Städten: Stadtverordnetenvorsteherin)
von . . ./der Gemeinde (Stadt, Landeshauptstadt) . . .
Frau . . .

Hauptverwaltungsbeamtin

Frau Bürgermeisterin (in kreisfreien Städten
und großen, kreisangehörigen Städten mit
mehr als 50 000 Einwohnern: Oberbürgermeisterin) von . . ./der Gemeinde (Stadt,
Landeshauptstadt) . . . Frau . . .

Mecklenburg-Vorpommern

Vorsitzende der Vertretungskörperschaft in ehrenamtlich
verwalteten Gemeinden und Hauptverwaltungsbeamtin in hauptamtlich
verwalteten Gemeinden

An die Bürgermeisterin (in kreisfreien
Städten: Oberbürgermeisterin,
sofern Hauptsatzung nicht die Bezeichnung
Bürgermeisterin vorsieht) von . . ./der
Gemeinde (Stadt, Landeshauptstadt) . . .
Frau . . .

Niedersachsen*

Vorsitzende der Vertretungskörperschaft und Haupt-
verwaltungsbeamtin

An die Bürgermeisterin (in kreisfreien und
großen selbständigen Städten: Oberbürgermeisterin) von . . ./der Gemeinde (Stadt,
Landeshauptstadt) . . .
Frau . . .

Hauptverwaltungsbeamtin

An die Gemeindedirektorin (Stadtdirektorin/
Oberstadtdirektorin) von . . . Frau . . .

---

* Für eine Übergangszeit gibt es außer der Bürgermeisterin/Oberbürgermeisterin als Vorsitzende der Vertretungskörperschaft die Stadtdirektorin/Gemeindedirektorin/Oberstadtdirektorin als Hauptverwaltungsbeamte.

Nordrhein-Westfalen*

Vorsitzender der Vertretungs- körperschaft und Haupt- verwaltungsbeamter	An den Bürgermeister (in kreisfreien Städten: Oberbürgermeister) von .../der Gemeinde (Stadt, Landeshauptstadt, Bundesstadt) ... Herrn ...
Hauptverwaltungsbeamter	An den Gemeindedirektor (Stadtdirektor/ Oberstadtdirektor) von ... Herrn ...

Rheinland-Pfalz

Vorsitzender der Vertretungs- körperschaft und zugleich Haupt- verwaltungsbeamter	An den Bürgermeister (in kreisfreien Städten und großen Kreisstädten: Oberbürgermeister) von .../ der Gemeinde (Stadt, Landeshaupt- stadt) ... Herrn ...

Saarland

Vorsitzender der Vertretungs- körperschaft und zugleich Haupt- verwaltungsbeamter	An den Bürgermeister (in Städten über 30 000 Einwohner: Oberbürgermeister) von .../der Gemeinde (Stadt, Landes- hauptstadt)** ... Herrn ...

Sachsen

Vorsitzender des Gemeinderats und Hauptverwaltungsbeamter	Herrn Bürgermeister (in kreisfreien Städten und großen Kreisstädten: Oberbürgermeister) von .../der Gemeinde (Stadt, Landeshaupt- stadt) ... Herrn ...

Sachsen-Anhalt (wie Mecklenburg-Vorpommern)

Vorsitzender des Gemeinderats in ehrenamtlich verwalteten Gemeinden und Hauptverwaltungs- beamter in hauptamtlich verwal- teten Gemeinden	Herrn Bürgermeister (in kreisfreien Städten und Gemeinden mit mehr als 25 000 Einwoh- nern: Oberbürgermeister) von .../ der Gemeinde (Stadt, Landeshauptstadt) ... Herrn ...

---

* Für eine Übergangszeit bis zur Kommunalwahl 1999 gibt es außer dem Bürgermeister/Oberbürgermeister als Vorsitzenden der Vertretungskörperschaft den Stadtdirektor/Gemeindedirektor/Oberstadtdirektor als Hauptverwaltungsbeamten.

** Im Stadtverband Saarbrücken: Stadtverbandspräsident; er ist Vorsitzender des Stadtverbandstages und zugleich Hauptverwaltungsbeamter.

Nordrhein-Westfalen*

Vorsitzende der Vertretungskörperschaft und Hauptverwaltungsbeamtin	An die Bürgermeisterin (in kreisfreien Städten: Oberbürgermeisterin) von .../ der Gemeinde (Stadt, Landeshauptstadt, Bundesstadt) ... Frau ...
Hauptverwaltungsbeamtin	An die Gemeindedirektorin (Stadtdirektorin/ Oberstadtdirektorin) von ... Frau ...

Rheinland-Pfalz

Vorsitzende der Vertretungskörperschaft und zugleich Hauptverwaltungsbeamtin	An die Bürgermeisterin (in Stadtkreisen und großen Kreisstädten: Oberbürgermeisterin) von .../der Gemeinde (Stadt, Landeshauptstadt) ... Frau ...

Saarland

Vorsitzende der Vertretungskörperschaft und zugleich Hauptverwaltungsbeamtin	An die Bürgermeisterin (in Städten über 30 000 Einwohner: Oberbürgermeisterin) von .../der Gemeinde (Stadt, Landeshauptstadt)** ... Frau ...

Sachsen

Vorsitzende des Gemeinderats	Frau Bürgermeisterin (in kreisfreien Städten und großen Kreisstädten: Oberbürgermeisterin) von .../der Gemeinde (Stadt, Landeshauptstadt) ... Frau ...

Sachsen-Anhalt

Vorsitzende des Gemeinderats in ehrenamtlich verwalteten Gemeinden und Hauptverwaltungsbeamtin in hauptamtlich verwalteten Gemeinden	Frau Bürgermeisterin (in kreisfreien Städten und Gemeinden mit mehr als 25 000 Einwohnern: Oberbürgermeisterin) von .../der Gemeinde (Stadt, Landeshauptstadt) ... Frau ...

---

* Für eine Übergangszeit bis zur Kommunalwahl 1999 gibt es außer der Bürgermeisterin/Oberbürgermeisterin als Vorsitzende der Vertretungskörperschaft die Stadtdirektorin/Gemeindedirektorin/Oberstadtdirektorin als Hauptverwaltungsbeamte.

** Im Stadtverband Saarbrücken: Stadtverbandspräsidentin; sie ist Vorsitzende des Stadtverbandstages und zugleich Hauptverwaltungsbeamtin.

Schleswig-Holstein

Vorsitzender der Vertretungs-körperschaft	An den Vorsitzenden der Gemeindevertre-tung (Stadtvertretung; in Gemeinden mit hauptamtlichem Bürgermeister und in Städten mit ehrenamtlichem Bürgermeister: Bürgervorsteher; in kreisfreien Städten: Stadtpräsidenten) von . . ./der Gemeinde (der Stadt, Landeshauptstadt) . . . Herrn . . .
Hauptverwaltungsbeamter	An den Bürgermeister (in kreisfreien Städten, falls Satzung das vorsieht: Oberbürger-meister) von . . ./der Gemeinde (Stadt, Landeshauptstadt) . . . Herrn . . .
Anrede: schriftlich:	Sehr geehrter Herr Bürgermeister (erster Bürgermeister, Oberbürgermeister, Vorsit-zender der Gemeindevertretung, Bürger-vorsteher, Gemeindevertretervorsteher, Stadtverordnetenvorsteher, Stadtpräsident, Gemeinde-, Stadt-, Oberstadtdirektor) // Sehr geehrter Herr . . .
mündlich:	Herr Bürgermeister (erster Bürgermeister oder andere Bezeichnung wie vorstehend) // Herr . . .
Schlußformel:	Mit freundlichen/verbindlichen Grüßen/ Empfehlungen // Mit ausgezeichneter/ vorzüglicher Hochachtung
Einladungskarte:	Herrn Bürgermeister (ersten Bürgermeister oder andere Bezeichnung wie vor-stehend) . . .

Thüringen

Vorsitzender des Gemeinderates und Hauptverwaltungsbeamter, soweit die Hauptsatzung keinen anderen Vorsitzenden des Gemein-derats bestimmt	Herrn Bürgermeister (in kreisfreien Städten und großen kreisangehörigen Städten: Ober-bürgermeister) von . . ./der Gemeinde (Stadt, Landeshauptstadt) . . . Herrn . . .

Schleswig-Holstein

Vorsitzende der Vertretungs-körperschaft	An die Vorsitzende der Gemeindevertretung (Stadtvertretung; in Gemeinden mit hauptamtlicher Bürgermeisterin und in Städten mit ehrenamtlicher Bürgermeisterin: Bürgervorsteherin; in kreisfreien Städten: Stadtpräsidentin) von .../der Gemeinde (der Stadt, Landeshauptstadt) ... Frau ...
Hauptverwaltungsbeamtin	An die Bürgermeisterin (in kreisfreien Städten, falls Satzung das vorsieht: Oberbürgermeisterin) von .../der Gemeinde (Stadt, Landeshauptstadt) ... Frau ...
Anrede: schriftlich:	Sehr geehrte Frau Bürgermeisterin (erste Bürgermeisterin, Oberbürgermeisterin, Vorsitzende der Gemeindevertretung, Bürgervorsteherin, Gemeindevertretervorsteherin, Stadtverordnetenvorsteherin, Stadtpräsidentin, Gemeinde-, Stadt-, Oberstadtdirektorin) // Sehr geehrte Frau ...
mündlich:	Frau Bürgermeisterin (erste Bürgermeisterin oder andere Bezeichnung wie vorstehend) // Frau ...
Schlußformel:	Mit freundlichen/verbindlichen Grüßen/ Empfehlungen // Mit ausgezeichneter/ vorzüglicher Hochachtung
Einladungskarte:	Frau Bürgermeisterin (erste Bürgermeisterin oder andere Bezeichnung wie vorstehend) ...

Thüringen

Vorsitzende des Gemeinderats und Hauptverwaltungsbeamtin, soweit die Hauptsatzung keinen anderen Vorsitzenden des Gemeinderats bestimmt	Frau Bürgermeisterin (in kreisfreien Städten und großen kreisangehörigen Städten: Oberbürgermeister) von .../der Gemeinde (Stadt, Landeshauptstadt) ... Frau ...

ii. Landkreise

Baden-Württemberg

Vorsitzender des Kreistages
und zugleich
Hauptverwaltungsbeamter

An den Landrat des Landkreises ...
Herrn ...

Bayern

Vorsitzender des Kreistages
und zugleich
Hauptverwaltungsbeamter

An den Landrat des Landkreises ...
Herrn ...

Brandenburg

Vorsitzender des Kreistages

An den Kreistagsvorsitzenden
Herrn ...

Leiter der Kreisverwaltung
und Hauptverwaltungsbeamter

An den Landrat des Landkreises ...
Herrn ...

Hessen

Vorsitzender des Kreistages

An den Kreistagsvorsitzenden des Landkreises ...
Herrn ...

Hauptverwaltungsbeamter

An den Landrat des Landkreises ...
Herrn ...

Mecklenburg-Vorpommern

Vorsitzender des Kreistages

An den Kreistagspräsidenten des Landkreises ...
Herrn ...

Landrat (Hauptverwaltungsbeamter)

An den Landrat des Landkreises ...
Herrn ...

ii. Landkreise

Baden-Württemberg

Vorsitzende des Kreistages
und zugleich
Hauptverwaltungsbeamtin

An die Landrätin des Landkreises...
Frau...

Bayern

Vorsitzende des Kreistages
und zugleich
Hauptverwaltungsbeamtin

An die Landrätin des Landkreises...
Frau...

Brandenburg

Vorsitzende des Kreistages

An die Kreistagsvorsitzende
des Landkreises...
Frau...

Leiterin der Kreisverwaltung
und Hauptverwaltungsbeamtin

An die Landrätin des Landkreises...
Frau...

Hessen

Vorsitzende des Kreistages

An die Kreistagsvorsitzende
des Landkreises...
Frau...

Hauptverwaltungsbeamtin

An die Landrätin des Landkreises...
Frau...

Mecklenburg-Vorpommern

Vorsitzende des Kreistages

An die Kreistagspräsidentin
des Landkreises...
Frau...

Landrätin/Haupt-
verwaltungsbeamtin

An die Landrätin des Landkreises...
Frau...

Niedersachsen*

Landrat Vorsitzender des Kreistages und Hauptverwaltungsbeamter	An den Landrat des Landkreises ... Herrn ...
Hauptverwaltungsbeamter	An den Oberkreisdirektor des Landkreises ... Herrn ...

Nordrhein-Westfalen**

Landrat Vorsitzender des Kreistages und Hauptverwaltungsbeamter	An den Landrat des Kreises ... Herrn ...
Hauptverwaltungsbeamter	An den Oberkreisdirektor des Landkreises ... Herrn ...

Rheinland-Pfalz

Vorsitzender des Kreistages und zugleich Hauptverwaltungsbeamter	An den Landrat des Landkreises ... Herrn ...

Saarland

Vorsitzender des Kreistages und zugleich Hauptverwaltungsbeamter	An den Landrat des Landkreises ... Herrn ...

Sachsen

Vorsitzender des Kreistages und zugleich Hauptverwaltungsbeamter	An den Landrat des Landkreises ... Herrn ...

Sachsen-Anhalt

Vorsitzender des Kreistages	An den Kreistagsvorsitzenden des Landkreises ... Herrn ...
Landrat des Landkreises (Haupt- verwaltungsbeamter und Repräsen- tant des Landkreises)	An den Landrat des Landkreises ... Herrn ...

---

* Für eine Übergangszeit gibt es in einigen Landkreisen noch den Landrat als Vorsitzenden des Kreistages und den Oberkreisdirektor als Hauptverwaltungsbeamten.

** Bis zur Kommunalwahl 1999 gibt es in einigen Kreisen noch den Landrat als Vorsitzenden des Kreistages und den Oberkreisdirektor als Hauptverwaltungsbeamten.

Niedersachsen*

Vorsitzende des Kreistages
und Hauptverwaltungsbeamtin

An die Landrätin des Landkreises...
Frau...

Hauptverwaltungsbeamtin

An die Oberkreisdirektorin
des Landkreises...
Frau...

Nordrhein-Westfalen**

Vorsitzende des Kreistages
und Hauptverwaltungsbeamtin

An die Landrätin des Landkreises...
Frau...

Hauptverwaltungsbeamtin

An die Oberkreisdirektorin des Kreises...
Frau...

Rheinland-Pfalz

Vorsitzende des Kreistages
und zugleich
Hauptverwaltungsbeamtin

An die Landrätin des Landkreises...
Frau...

Saarland

Vorsitzende des Kreistages
und zugleich
Hauptverwaltungsbeamtin

An die Landrätin des Landkreises...
Frau...

Sachsen

Vorsitzende des Kreistages
und zugleich
Hauptverwaltungsbeamtin

An die Landrätin des Landkreises...
Frau...

Sachsen-Anhalt

Vorsitzende des Kreistages

An die Kreistagsvorsitzende
des Landkreises...
Frau...

Hauptverwaltungsbeamtin

Frau Landrätin des Landkreises...
Frau...

---

* Für eine Übergangszeit gibt es in einigen Landkreisen noch die Landrätin als Vorsitzende des Kreistages
und die Oberkreisdirektorin als Hauptverwaltungsbeamtin.
** Bis zur Kommunalwahl 1999 gibt es in einigen Kreisen noch die Landrätin als Vorsitzende des Kreistages
und die Oberkreisdirektorin als Hauptverwaltungsbeamtin.

Schleswig-Holstein

Vorsitzender des Kreistages

An den Kreistagspräsidenten des Kreises ...
Herrn ...

Hauptverwaltungsbeamter
(Landrat)

An den Landrat des Kreises ...
Herrn ...

Thüringen

Vorsitzender des Kreistages und
Hauptverwaltungsbeamter (sofern
nicht durch Hauptsatzung ein
anderes Kreistagsmitglied zum
Kreistagsvorsitzenden bestimmt ist)

An den Landrat des Landkreises ...
Herrn ...

iii. Regionale kommunale Einrichtungen

Bezirkstage Bayern

Anschrift:

An den Bezirkstagspräsidenten von ...
Herrn ...

Anrede:
schriftlich:

Sehr geehrter Herr Bezirkstagspräsident/
Präsident // Sehr geehrter Herr ...

mündlich:

Herr Präsident // Herr ...

Schlußformel:

Mit freundlichen/verbindlichen Grüßen/
Empfehlungen // Mit vorzüglicher
Hochachtung

Einladungskarte:

Herrn Bezirkstagspräsidenten/Präsidenten ...

Landschaftsverbände Nordrhein-Westfalen

Vorsitzender der Vertretungskörperschaft

Anschrift:

An den Vorsitzenden der Landschaftsver-
sammlung ...
Herrn ...

Anrede:
schriftlich:

Sehr geehrter Herr Vorsitzender/Herr ...

mündlich:

Herr Vorsitzender // Herr ...

Schleswig-Holstein

Vorsitzende des Kreistages

An die Kreistagspräsidentin des Kreises...
Frau...

Thüringen

Vorsitzende des Kreistages
(sofern nicht durch Hauptsatzung
ein anderes Kreistagsmitglied
bestellt ist)

An die Landrätin des Landkreises...
Frau...

iii. Regionale kommunale Einrichtungen

Bezirkstage Bayern

Anschrift:

An die Bezirkstagspräsidentin von...
Frau...

Anrede:
   schriftlich:

Sehr geehrte Frau Bezirkstagspräsidentin/
Präsidentin // Sehr geehrte Frau...

   mündlich:

Frau Präsidentin // Frau...

Schlußformel:

Mit freundlichen/verbindlichen Grüßen/
Empfehlungen // Mit vorzüglicher
Hochachtung

Einladungskarte:

Frau Bezirkstagspräsidentin/Präsidentin...

Landschaftsverbände Nordrhein-Westfalen

Vorsitzende der Vertretungskörperschaft

Anschrift:

An die Vorsitzende der Landschaftsver-
sammlung... Frau...

Anrede:
   schriftlich:

Sehr geehrte Frau Vorsitzende/Frau...

   mündlich:

Frau Vorsitzende // Frau...

Schlußformel:	Mit freundlichen/verbindlichen Grüßen/ Empfehlungen // Mit vorzüglicher Hochachtung
Einladungskarte:	Herrn Vorsitzenden der Landschaftsver- sammlung ...

Hauptverwaltungsbeamter

Anschrift:	An den Direktor des Landschafts- verbandes ... Herrn ...
Anrede:	
schriftlich:	Sehr geehrter Herr Direktor/Herr ...
mündlich:	Herr Direktor // Herr ...
Schlußformel:	Mit freundlichen/verbindlichen Grüßen/ Empfehlungen // Mit vorzüglicher Hochachtung
Einladungskarte:	Herrn Direktor ...

Bezirksverband der Pfalz

(im ehemaligen Regierungsbezirk Pfalz)

Anschrift:	An den Bezirkstagspräsidenten der Pfalz Herrn ...
Anrede:	
schriftlich:	Sehr geehrter Herr Bezirkstagspräsident/ Präsident // Sehr geehrter Herr ...
mündlich:	Herr Präsident // Herr ...
Schlußformel:	Mit freundlichen/verbindlichen Grüßen/ Empfehlungen // Mit vorzüglicher Hochachtung
Einladungskarte:	Herrn Bezirkstagspräsidenten/Präsidenten ...

Schlußformel:	Mit freundlichen/verbindlichen Grüßen/ Empfehlungen // Mit vorzüglicher Hochachtung
Einladungskarte:	Frau Vorsitzende der Landschaftsversammlung ...

Hauptverwaltungsbeamtin

Anschrift:	An die Direktorin des Landschaftsverbandes ... Frau ...
Anrede:	
schriftlich:	Sehr geehrte Frau Direktorin/Frau ...
mündlich:	Frau Direktorin // Frau ...
Schlußformel:	Mit freundlichen/verbindlichen Grüßen/ Empfehlungen // Mit vorzüglicher Hochachtung
Einladungskarte:	Frau Direktorin ...

Bezirksverband der Pfalz

(im ehemaligen Regierungsbezirk Pfalz)

Anschrift:	An die Bezirkstagspräsidentin der Pfalz Frau ...
Anrede:	
schriftlich:	Sehr geehrte Frau Bezirkstagspräsidentin/ Präsidentin // Sehr geehrte Frau ...
mündlich:	Frau Präsidentin // Frau ...
Schlußformel:	Mit freundlichen/verbindlichen Grüßen/ Empfehlungen // Mit vorzüglicher Hochachtung
Einladungskarte:	Frau Bezirkstagspräsidentin/Präsidentin ...

9. Politische Parteien

Parteivorsitzender, Sprecher

Anschrift:	An den Vorsitzenden, Sprecher der ... Herrn ... (bei öffentlichem Amt kann die Amtsbe- zeichnung angefügt werden)
Anrede: schriftlich:	Sehr geehrter Herr ...
mündlich:	Herr ...
Schlußformel:	Mit freundlichen/verbindlichen Grüßen/ Empfehlungen // Mit vorzüglicher Hoch- achtung
Einladungskarte:	Herrn ...

Parteivorsitzende, Sprecherin

Anschrift:	An die Vorsitzende, Sprecherin der ... Frau ... (bei öffentlichem Amt kann die Amtsbezeichnung angefügt werden)
Anrede:	
schriftlich:	Sehr geehrte Frau ...
mündlich:	Frau ...
Schlußformel:	Mit freundlichen/verbindlichen Grüßen/ Empfehlungen // Mit vorzüglicher Hochachtung
Einladungskarte:	Frau ...

10. Diplomatie (Fremde Missionen)

Nuntius

Anschrift:	Seiner Exzellenz dem Apostolischen Nuntius Monsignore ... (Bischof/Erzbischof von ...)
Anrede: schriftlich:	Exzellenz // Herr Nuntius
mündlich:	Exzellenz // Herr Nuntius
Schlußformel:	Genehmigen Sie, Exzellenz, die Versicherung meiner ausgezeichneten Hochachtung // Mit freundlichen/verbindlichen Grüßen/Empfehlungen
Einladungskarte:	Seine Exzellenz den Apostolischen Nuntius Monsignore ...

Botschafter, Gesandter als Missionschef

Anschrift:	Seiner Exzellenz dem Botschafter (Gesandten) von (des, der) ... Herrn ...
Anrede: schriftlich:	Exzellenz // Herr Botschafter (Gesandter)
mündlich:	Exzellenz // Herr Botschafter (Gesandter)
Schlußformel:	Genehmigen Sie, Exzellenz/Herr Botschafter (Gesandter), die Versicherung meiner ausgezeichneten Hochachtung // Mit freundlichen/verbindlichen Grüßen/Empfehlungen
Einladungskarte:	Seine Exzellenz Herrn Botschafter (Gesandten) ...

Geschäftsträger

Anschrift:	An den Geschäftsträger von (des, der) ... Herrn ...
Anrede: schriftlich:	Sehr geehrter Herr Geschäftsträger // Herr Geschäftsträger
mündlich:	Herr Geschäftsträger // Herr ...

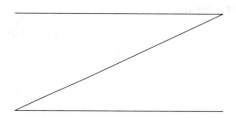

Botschafterin, Gesandtin als Missionschefin

Anschrift:

Ihrer Exzellenz
der Botschafterin (Gesandtin) von
(des, der) ...
Frau ...

Anrede:

    schriftlich: Exzellenz // Frau Botschafterin (Gesandtin)

    mündlich: Exzellenz // Frau Botschafterin (Gesandtin)

Schlußformel:

Genehmigen Sie, Exzellenz/Frau
Botschafterin (Gesandtin), die Versicherung
meiner ausgezeichneten Hochachtung // Mit
freundlichen/verbindlichen Grüßen/Empfeh-
lungen

Einladungskarte:

Ihre Exzellenz Frau Botschafterin
(Gesandtin) ...

Geschäftsträgerin

Anschrift:

An die Geschäftsträgerin von (des, der) ...
Frau ...

Anrede:

    schriftlich: Sehr geehrte Frau Geschäftsträgerin // Frau
Geschäftsträgerin

    mündlich: Frau Geschäftsträgerin // Frau ...

Schlußformel:	Mit ausgezeichneter Hochachtung // Mit freundlichen/verbindlichen Grüßen/ Empfehlungen
Einladungskarte:	Herrn Geschäftsträger . . .

Gesandter, Botschaftsrat

Anschrift:	An den Gesandten (Botschaftsrat) der Botschaft . . . Herrn . . .
Anrede:	
schriftlich:	Sehr geehrter Herr Gesandter (Botschaftsrat)
mündlich:	Herr Gesandter (Botschaftsrat) // Herr . . .
Schlußformel:	Mit vorzüglicher Hochachtung // Mit freundlichen/verbindlichen Grüßen/Empfehlungen
Einladungskarte:	Herrn Gesandten (Botschaftsrat) . . .

Generalkonsul (Konsul)

Anschrift:	An den Generalkonsul (Konsul) von (des, der) . . . Herrn . . .
Anrede:	
schriftlich:	Sehr geehrter Herr Generalkonsul/Herr Generalkonsul (Konsul)
mündlich:	Herr Generalkonsul (Konsul) // Herr . . .
Schlußformel:	Mit vorzüglicher Hochachtung // Mit freundlichen/verbindlichen Grüßen/Empfehlungen
Einladungskarte:	Herrn Generalkonsul (Konsul) . . .

Schlußformel:	Mit ausgezeichneter Hochachtung // Mit freundlichen/verbindlichen Grüßen/ Empfehlungen
Einladungskarte:	Frau Geschäftsträgerin ...

Gesandtin, Botschaftsrätin

Anschrift:	An die Gesandtin (Botschaftsrätin) der Botschaft ... Frau ...
Anrede: schriftlich:	Sehr geehrte Frau Gesandtin (Botschaftsrätin)
mündlich:	Frau Gesandtin (Botschaftsrätin) // Frau ...
Schlußformel:	Mit vorzüglicher Hochachtung // Mit freundlichen/verbindlichen Grüßen/Empfehlungen
Einladungskarte:	Frau Gesandtin (Botschaftsrätin) ...

Generalkonsulin (Konsulin)

Anschrift:	An die Generalkonsulin (Konsulin) von (des, der) ... Frau ...
Anrede: schriftlich:	Sehr geehrte Frau Generalkonsulin/Frau Generalkonsulin (Konsulin)
mündlich:	Frau Generalkonsulin (Konsulin) // Frau ...
Schlußformel:	Mit vorzüglicher Hochachtung // Mit freundlichen/verbindlichen Grüßen/Empfehlungen
Einladungskarte:	Frau Generalkonsulin (Konsulin) ...

11. Internationale und supranationale Organisationen

Generalsekretär der Vereinten Nationen

Anschrift:	Seiner Exzellenz dem Generalsekretär der Vereinten Nationen Herrn ...
Anrede: schriftlich:	Exzellenz // Herr Generalsekretär
mündlich:	Exzellenz // Herr Generalsekretär
Schlußformel:	Mit dem Ausdruck meiner ausgezeichneten Hochachtung // Mit freundlichen/verbind- lichen Grüßen/Empfehlungen
Einladungskarte*:	Seine Exzellenz Herrn Generalsekretär ...

Generalsekretär der Nordatlantikpaktorganisation (NATO)

Anschrift:	Seiner Exzellenz dem Generalsekretär der Nordatlantikpaktorganisation Herrn ...
Anrede: schriftlich:	Exzellenz // Herr Generalsekretär
mündlich:	Exzellenz // Herr Generalsekretär
Schlußformel:	Mit dem Ausdruck meiner ausgezeichneten Hochachtung // Mit freundlichen/verbind- lichen Grüßen/Empfehlungen
Einladungskarte*:	Seine Exzellenz Herrn Generalsekretär ...

Vorsitzender des Europäischen Rates

Anschrift:	Seiner Exzellenz dem Vorsitzenden des Europäischen Rates und Präsidenten (Ministerpräsidenten. Premierminister. Bundeskanzler) von ... (des, der) ...

---

*   Besser: persönlich gezeichnetes Schreiben.

Generalsekretärin der Vereinten Nationen

Anschrift:

Ihrer Exzellenz
der Generalsekretärin der
Vereinten Nationen
Frau ...

Anrede:
    schriftlich:

Exzellenz // Frau Generalsekretärin

    mündlich:

Exzellenz // Frau Generalsekretärin

Schlußformel:

Mit dem Ausdruck meiner ausgezeichneten
Hochachtung // Mit freundlichen/verbindlichen Grüßen/Empfehlungen

Einladungskarte*:

Ihre Exzellenz Frau Generalsekretärin ...

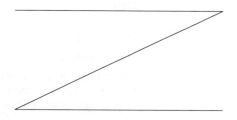

Vorsitzende des Europäischen Rates

Anschrift:

Ihrer Exzellenz
der Vorsitzenden des Europäischen Rates
und Präsidentin (Ministerpräsidentin,
Premierministerin, Bundeskanzler/Bundeskanzlerin) von ... (des, der) ...

---

*   Besser: persönlich gezeichnetes Schreiben.

Anrede:	
schriftlich:	Exzellenz // Herr Präsident (Ministerpräsident, Premierminister, Bundeskanzler)
mündlich:	Exzellenz // Herr Präsident (Ministerpräsident, Premierminister, Bundeskanzler)
Schlußformel:	Mit dem Ausdruck meiner ausgezeichneten/ vorzüglichen Hochachtung // Mit freundlichen/verbindlichen Grüßen/ Empfehlungen
Einladungskarte*:	Seine Exzellenz den Vorsitzenden des Europäischen Rates Herrn ... // Seine Exzellenz Herrn Präsidenten (Ministerpräsidenten, Premierminister, Bundeskanzler) ...

Präsident des Europäischen Parlaments

Anschrift:	Seiner Exzellenz dem Präsidenten des Europäischen Parlaments Herrn ...
Anrede:	
schriftlich:	Herr Präsident
mündlich:	Herr Präsident
Schlußformel:	Mit dem Ausdruck meiner ausgezeichneten/ vorzüglichen Hochachtung // Mit freundlichen/verbindlichen Grüßen/ Empfehlungen
Einladungskarte*:	Herrn Präsidenten ...

Abgeordneter des Europäischen Parlaments

Anschrift:	An den Abgeordneten des Europäischen Parlaments Herrn ...
Anrede:	
schriftlich:	Sehr geehrter Herr Abgeordneter/Herr ...
mündlich:	Herr Abgeordneter // Herr ...
Schlußformel:	Mit freundlichen/verbindlichen Grüßen/ Empfehlungen // Mit vorzüglicher Hochachtung
Einladungskarte:	Herrn Abgeordneten ...

---

* Besser: persönlich gezeichnetes Schreiben.

Anrede:	
schriftlich:	Exzellenz // Frau Präsidentin (Ministerpräsidentin, Premierministerin, Bundeskanzler/Bundeskanzlerin)
mündlich:	Exzellenz // Frau Präsidentin (Ministerpräsidentin, Premierministerin, Bundeskanzler/Bundeskanzlerin)
Schlußformel:	Mit dem Ausdruck meiner ausgezeichneten/vorzüglichen Hochachtung // Mit freundlichen/verbindlichen Grüßen/Empfehlungen
Einladungskarte*:	Ihre Exzellenz die Vorsitzende des Europäischen Rates Frau ... // Ihre Exzellenz/Frau Präsidentin (Ministerpräsidentin, Premierministerin, Bundeskanzler/Bundeskanzlerin) ...

Präsidentin des Europäischen Parlaments

Anschrift:	Ihrer Exzellenz der Präsidentin des Europäischen Parlaments Frau ...
Anrede:	
schriftlich:	Frau Präsidentin
mündlich:	Frau Präsidentin
Schlußformel:	Mit dem Ausdruck meiner ausgezeichneten/vorzüglichen Hochachtung // Mit freundlichen/verbindlichen Grüßen/Empfehlungen
Einladungskarte*:	Frau Präsidentin ...

Abgeordnete des Europäischen Parlaments

Anschrift:	An die Abgeordnete des Europäischen Parlaments Frau ...
Anrede:	
schriftlich:	Sehr geehrte Frau Abgeordnete/Frau ...
mündlich:	Frau Abgeordnete // Frau ...
Schlußformel:	Mit freundlichen/verbindlichen Grüßen/Empfehlungen // Mit vorzüglicher Hochachtung
Einladungskarte:	Frau Abgeordnete ...

---

*   Besser: persönlich gezeichnetes Schreiben.

Präsident der Europäischen Kommission

Anschrift:
Seiner Exzellenz
dem Präsidenten der Europäischen
Kommission
Herrn . . .

Anrede:
schriftlich:
Herr Präsident

mündlich:
Herr Präsident

Schlußformel:
Mit dem Ausdruck meiner ausgezeichneten/
vorzüglichen Hochachtung // Mit freund-
lichen/verbindlichen Grüßen/Empfehlungen

Einladungskarte*:
Herrn Präsidenten . . .

Mitglied der Europäischen Kommission

Anschrift:
An das Mitglied der Europäischen
Kommission
Herrn . . .

Anrede:
schriftlich:
Sehr geehrter Herr Kommissar

mündlich:
Herr Kommissar

Schlußformel:
Mit freundlichen/verbindlichen Grüßen/
Empfehlungen // Mit dem Ausdruck meiner
ausgezeichneten/vorzüglichen Hochachtung

Einladungskarte:
Herrn Kommissar . . .

Generalsekretär des Rates der Europäischen Union

Anschrift:
An den Generalsekretär des Rates
der Europäischen Union
Herrn . . .

Anrede:
schriftlich:
Herr Generalsekretär

mündlich:
Herr Generalsekretär

Schlußformel:
Mit freundlichen/verbindlichen Grüßen/
Empfehlungen // Mit ausgezeiehneter/
vorzüglicher Hochachtung

Einladungskarte:
Herrn Generalsekretär . . .

---

* Besser: persönlich gezeichnetes Schreiben.

Präsidentin der Europäischen Kommission

Anschrift:

Ihrer Exzellenz
der Präsidentin der Europäischen
Kommission
Frau ...

Anrede:
  schriftlich:

Frau Präsidentin

  mündlich:

Frau Präsidentin

Schlußformel:

Mit dem Ausdruck meiner ausgezeichneten/
vorzüglichen Hochachtung // Mit freund-
lichen/verbindlichen Grüßen/Empfehlungen

Einladungskarte*:

Frau Präsidentin ...

Mitglied der Europäischen Kommission

Anschrift:

An das Mitglied der Europäischen
Kommission
Frau ...

Anrede:
  schriftlich:

Sehr geehrte Frau Kommissarin

  mündlich:

Frau Kommissarin

Schlußformel:

Mit freundlichen/verbindlichen Grüßen/
Empfehlungen // Mit dem Ausdruck meiner
ausgezeichneten/vorzüglichen Hochachtung

Einladungskarte:

Frau Kommissarin ...

Generalsekretärin des Rates der Europäischen Union

Anschrift:

An die Generalsekretärin des Rates
der Europäischen Union
Frau ...

Anrede:
  schriftlich:

Frau Generalsekretärin

  mündlich:

Frau Generalsekretärin

Schlußformel:

Mit freundlichen/verbindlichen Grüßen/
Empfehlungen // Mit ausgezeichneter/
vorzüglicher Hochachtung

Einladungskarte:

Frau Generalsekretärin ...

---

*   Besser: persönlich gezeichnetes Schreiben.

Generalsekretär des Europarats

Anschrift:

An den
Generalsekretär des Europarats
Herrn ...

Anrede:

schriftlich:

Herr Generalsekretär

mündlich:

Herr Generalsekretär

Schlußformel:

Mit freundlichen/verbindlichen Grüßen/
Empfehlungen // Mit dem Ausdruck meiner
ausgezeichneten/vorzüglichen Hochachtung

Einladungskarte:

Herrn Generalsekretär ...

Generalsekretär der Organisation für wirtschaftliche Zusammenarbeit und Entwicklung

Anschrift:

An den Generalsekretär der Organisation
für wirtschaftliche Zusammenarbeit
und Entwicklung
Herrn ...

Anrede:

schriftlich:

Herr Generalsekretär

mündlich:

Herr Generalsekretär

Schlußformel:

Mit freundlichen/verbindlichen Grüßen/
Empfehlungen // Mit dem Ausdruck meiner
ausgezeichneten/vorzüglichen Hochachtung

Einladungskarte:

Herrn Generalsekretär ...

Generalsekretärin des Europarats

Anschrift:

An die
Generalsekretärin des Europarats
Frau ...

Anrede:
   schriftlich:

Frau Generalsekretärin

   mündlich:

Frau Generalsekretärin

Schlußformel:

Mit freundlichen/verbindlichen Grüßen/
Empfehlungen // Mit dem Ausdruck meiner
ausgezeichneten/vorzüglichen Hochachtung

Einladungskarte:

Frau Generalsekretärin ...

Generalsekretärin der Organisation für wirtschaftliche Zusammenarbeit und Entwicklung

Anschrift:

An die Generalsekretärin der Organisation
für wirtschaftliche Zusammenarbeit
und Entwicklung
Frau ...

Anrede:
   schriftlich:

Frau Generalsekretärin

   mündlich:

Frau Generalsekretärin

Schlußformel:

Mit freundlichen/verbindlichen Grüßen/
Empfehlungen // Mit dem Ausdruck meiner
ausgezeichneten/vorzüglichen Hochachtung

Einladungskarte:

Frau Generalsekretärin ...

12. Universitäten, Hochschulen

Präsident

Anschrift:

> An den Präsidenten der ...
> Universität (Hochschule) ...
> Herrn Professor/Herrn ...

Anrede:
    schriftlich:

> Sehr geehrter Herr Präsident/Professor/
> Herr ...

    mündlich:

> Herr Präsident/Professor // Herr ...

Schlußformel:

> Mit freundlichen/verbindlichen Grüßen/
> Empfehlungen // Mit vorzüglicher
> Hochachtung

Einladungskarte:

> Herrn Präsidenten/Professor/Herrn ...

Rektor*

Anschrift:

> An den Rektor der ...
> Universität (Hochschule) ...
> Herrn Professor/Herrn ...

Anrede:
    schriftlich:

> Sehr geehrter Herr Professor/Herr ...

    mündlich:

> Herr Professor/Herr ...

Schlußformel:

> Mit freundlichen/verbindlichen Grüßen/
> Empfehlungen // Mit vorzüglicher
> Hochachtung

Einladungskarte:

> Herrn Rektor/Professor/Herrn ...

---

* Das überlieferte Prädikat „Magnifizenz" wird für den Rektor einer Universität heute in der Anrede gebraucht.

Präsidentin

Anschrift:	An die Präsidentin der ... Universität (Hochschule) ... Frau Professor/Professorin/Frau ...
Anrede:	
schriftlich:	Sehr geehrte Frau Präsidentin/Professor/ Professorin/Frau ...
mündlich:	Frau Präsidentin // Frau Professor/Professorin // Frau ...
Schlußformel:	Mit freundlichen/verbindlichen Grüßen/ Empfehlungen // Mit vorzüglicher Hochachtung
Einladungskarte:	Frau Präsidentin/Professor/Professorin/ Frau ...

Rektorin*

Anschrift:	An die Rektorin der ... Universität (Hochschule) ... Frau Professor/Professorin/Frau ...
Anrede:	
schriftlich:	Sehr geehrte Frau Professor/Professorin/ Frau ...
mündlich:	Frau Professor/Professorin/Frau ...
Schlußformel:	Mit freundlichen/verbindlichen Grüßen/ Empfehlungen // Mit vorzüglicher Hochachtung
Einladungskarte:	Frau Rektorin/Professor/Professorin/Frau ...

---

* Das überlieferte Prädikat „Magnifizenz" wird für die Rektorin einer Universität heute in der Anrede gebraucht.

Dekan*

Anschrift:	An den Dekan der (des) ... Fakultät (Fachbereichs) der ... Universität (Hochschule) ... Herrn Professor/Herrn ...
Anrede: schriftlich:	Sehr geehrter Herr Professor/Herr ...
mündlich:	Herr Professor // Herr ...
Schlußformel:	Mit freundlichen/verbindlichen Grüßen/ Empfehlungen // Mit vorzüglicher Hochachtung
Einladungskarte:	Herrn Professor/Herrn ...

Direktor

Anschrift:	An den (ärztlichen) Direktor des (der) ... Instituts (Klinik) der ... Universität (Hochschule) ... Herrn Professor ...
Anrede: schriftlich:	Sehr geehrter Herr Professor/Herr ...
mündlich:	Herr Professor/Herr ...
Schlußformel:	Mit freundlichen/verbindlichen Grüßen/ Empfehlungen // Mit vorzüglicher Hochachtung
Einladungskarte:	Herrn Professor/Herrn ...

---

* Das überlieferte Prädikat „Spektabilität" wird für den Dekan einer Universität heute in der Anrede gebraucht.

Dekanin*

Anschrift:	An den Dekan/die Dekanin der (des) ... Fakultät (Fachbereichs) der ... Universität (Hochschule) ... Frau Professor/Professorin/Frau ...
Anrede: schriftlich:	Sehr geehrte Frau Professor/Professorin/ Frau ...
mündlich:	Frau Professor/Professorin // Frau ...
Schlußformel:	Mit freundlichen/verbindlichen Grüßen/ Empfehlungen // Mit vorzüglicher Hochachtung
Einladungskarte:	Frau Professor/Professorin/Frau ...

Direktorin

Anschrift:	An die (ärztliche) Direktorin des (der) ... Instituts (Klinik) der ... Universität (Hochschule) ... Frau Professor/Professorin ...
Anrede: schriftlich:	Sehr geehrte Frau Professor/Professorin/ Frau ...
mündlich:	Frau Professor/Professorin/Frau ...
Schlußformel:	Mit freundlichen/verbindlichen Grüßen/ Empfehlungen // Mit vorzüglicher Hochachtung
Einladungskarte:	Frau Professor/Professorin/Frau ...

---

* Das überlieferte Prädikat „Spektabilität" wird für die Dekanin einer Universität heute in der Anrede gebraucht.

13. Religionsgemeinschaften

i) Evangelische Kirchen in Deutschland (EKD)

Rat der Evangelischen Kirche in Deutschland

Anschrift:
An den Vorsitzenden des Rates der
Evangelischen Kirche in Deutschland
Herrn Landesbischof (Bischof, Präses) . . .

Anrede:
schriftlich:
Hochverehrter/Sehr verehrter/geehrter Herr
Landesbischof (Bischof, Präses)

mündlich:
Herr Landesbischof (Bischof, Präses)

Schlußformel:
Mit freundlichen/verbindlichen Grüßen/
Empfehlungen // Mit ausgezeichneter/
vorzüglicher Hochachtung

Einladungskarte:
Herrn Landesbischof (Bischof, Präses) . . .

Synode der Evangelischen Kirche in Deutschland

Anschrift:
An den Präses der Synode
der Evangelischen Kirche in Deutschland
Herrn . . .

Anrede:
schriftlich:
Sehr verehrter/geehrter Herr Präses/Herr . . .

mündlich:
Herr Präses // Herr . . .

Schlußformel:
Mit freundlichen/verbindlichen Grüßen/
Empfehlungen // Mit vorzüglicher
Hochachtung

Einladungskarte:
Herrn Präses . . .

Bevollmächtigter des Rates der EKD

Anschrift:
An den Bevollmächtigten
des Rates der EKD am Sitz der
Bundesrepublik Deutschland und der
Europäischen Union
Herrn Bischof (Prälat) . . .

i) Evangelische Kirchen in Deutschland (EKD)

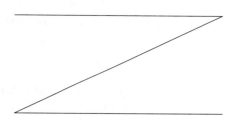

Synode der Evangelischen Kirche in Deutschland

Anschrift:	An Frau Präses der Synode der Evangelischen Kirche in Deutschland Frau ...
Anrede:	
schriftlich:	Sehr verehrte Frau Präses/Frau ...
mündlich:	Frau Präses // Frau ...
Schlußformel:	Mit freundlichen/verbindlichen Grüßen/ Empfehlungen // Mit vorzüglicher Hochachtung
Einladungskarte:	Frau Präses ...

Bevollmächtigte des Rates der EKD

Anschrift:	An die Bevollmächtigte des Rates der EKD am Sitz der Bundesrepublik Deutschland und der Europäischen Union Frau Bischöfin (Prälatin) ...

Anrede:

    schriftlich: Sehr verehrter/geehrter Herr Bischof (Prälat)

    mündlich: Herr Bischof (Prälat) // Herr . . .

Schlußformel: Mit freundlichen/verbindlichen Grüßen/
Empfehlungen // Mit vorzüglicher
Hochachtung

Einladungskarte: Herrn Bischof (Prälaten) . . .

Militärseelsorge

Anschrift: An den Evangelischen Militärbischof
Herrn . . .

Anrede:

    schriftlich: Sehr verehrter/geehrter Herr
Militärbischof

    mündlich: Herr Bischof

Schlußformel: Mit freundlichen/verbindlichen Grüßen/
Empfehlungen // Mit vorzüglicher
Hochachtung

Einladungskarte: Herrn Militärbischof . . .

Gliedkirchen der EKD

Die Ämter der Gliedkirchen der EKD weisen manche für Anschrift und Anrede
bedeutsame Unterschiede auf. Deshalb werden im folgenden die Bezeichnungen voll
aufgeführt:

Anrede:

    schriftlich: Sehr verehrte/geehrte Frau Bischöfin (Prälatin)

    mündlich: Frau Bischöfin (Prälatin) // Frau ...

Schlußformel: Mit freundlichen/verbindlichen Grüßen/ Empfehlungen // Mit vorzüglicher Hochachtung

Einladungskarte: Frau Bischöfin (Prälatin) ...

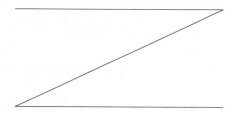

Gliedkirchen der EKD

Die Ämter der Gliedkirchen der EKD weisen manche für Anschrift und Anrede bedeutsame Unterschiede auf. Deshalb werden im folgenden die Bezeichnungen voll aufgeführt:

Anschrift:

An den

Kirchenpräsidenten der Evangelischen Landeskirche Anhalts
Herrn ...

Landesbischof der Evangelischen Landeskirche
in Baden
Herrn ...

Landesbischof der Evangelisch-Lutherischen Kirche in Bayern
Herrn ...

Bischof der Evangelischen Kirche in Berlin-Brandenburg
Herrn ...

Landesbischof der Evangelisch-lutherischen
Landeskirche in Braunschweig
Herrn ...

Präsidenten der Bremischen Evangelischen Kirche
Herrn ...

Landesbischof der Evangelisch-lutherischen
Landeskirche Hannovers
Herrn ...

Kirchenpräsidenten der Evangelischen Kirche
in Hessen und Nassau
Herrn ...

Bischof der Evangelischen Kirche von Kurhessen-Waldeck
Herrn ...

Landessuperintendenten der Lippischen Landeskirche
Herrn ...

Landesbischof der Evangelisch-Lutherischen Landeskirche
Mecklenburgs
Herrn ...

Bischof der Nordelbischen
Evangelisch-Lutherischen Kirche
Herrn ...

Bischof der Evangelisch-Lutherischen Kirche
in Oldenburg
Herrn ...

Kirchenpräsidenten der Evangelischen Kirche
der Pfalz (Protestantische Landeskirche)
Herrn ...

Anschrift:

An die

Kirchenpräsidentin der Evangelischen Landeskirche Anhalts
Frau ...

Landesbischöfin der Evangelischen Landeskirche
Baden
Frau ...

Landesbischöfin der Evangelisch-lutherischen Kirche in Bayern
Frau ...

Bischöfin der Evangelischen Kirche in Berlin-Brandenburg
Frau ...

Landesbischöfin der Evangelisch-lutherischen
Landeskirche in Braunschweig
Frau ...

Präsidentin der Bremischen Evangelischen Kirche
Frau ...

Landesbischöfin der Evangelisch-lutherischen
Landeskirche Hannover
Frau ...

Kirchenpräsidentin der Evangelischen Kirche in
Hessen und Nassau
Frau ...

Bischöfin der Evangelischen Kirche von Kurhessen-Waldeck
Frau ...

Landessuperintendentin der Lippischen Landeskirche
Frau ...

Landesbischöfin der Evangelisch-lutherischen Landeskirche
Mecklenburgs
Frau ...

Bischöfin der Evangelisch-Lutherischen Kirche
in Oldenburg
Frau ...

Kirchenpräsidentin der Evangelischen Kirche der
Pfalz (Protestantische Landeskirche)
Frau ...

Bischof der Pommerschen Evangelischen Kirche
Herrn . . .

Präses der Evangelisch-reformierten Kirche (Synode ev.-ref.
Kirchen in Bayern und in Nordwestdeutschland)
Herrn . . .

Präses der Evangelischen Kirche im Rheinland
Herrn . . .

Bischof der Evangelischen Kirche der Kirchenprovinz
Sachsen
Herrn . . .

Landesbischof der Evangelisch-Lutherischen Landeskirche
Sachsens
Herrn . . .

Landesbischof der Evangelisch-Lutherischen Landeskirche
Schaumburg-Lippe
Herrn . . .

Bischof der Evangelischen Kirche der schlesischen
Oberlausitz
Herrn . . .

Landesbischof der Evangelisch-Lutherischen Kirche in
Thüringen
Herrn . . .

Präses der Evangelischen Kirche von Westfalen
Herrn . . .

Landesbischof der Evangelischen Landeskirche in
Württemberg
Herrn . . .

Anrede:	
schriftlich:	Sehr verehrter/geehrter Herr Landesbischof (Bischof, Kirchenpräsident, Präses, Landes-superintendent, Präsident, Vorsitzender)
mündlich:	Herr Landesbischof (Bischof, Kirchen-präsident, Präses, Landessuperintendent, Präsident, Vorsitzender)
Schlußformel:	Mit freundlichen/verbindlichen Grüßen/ Empfehlungen // Mit vorzüglicher Hochachtung
Einladungskarte:	Herrn Landesbischof (Bischof usw.) . . .

Bischöfin der Pommerschen Evangelischen Kirche
Frau ...

Frau Präses der Evangelisch-reformierten Kirche (Synode ev.-ref. Kirchen in Bayern und Nordwestdeutschland)
Frau ...

Frau Präses der Evangelischen Kirche im Rheinland
Frau ...

Bischöfin der Evangelischen Kirche der Kirchenprovinz Sachsen
Frau ...

Landesbischöfin der Evangelisch-Lutherischen Landeskirche Sachsens
Frau ...

Landesbischöfin der Evangelisch-Lutherischen Landeskirche Schaumburg-Lippe
Frau ...

Bischöfin der Evangelischen Kirche der schlesischen Oberlausitz
Frau ...

Landesbischöfin der Evangelisch-Lutherischen Kirche in Thüringen
Frau ...

Frau Präses der Evangelischen Kirche von Westfalen
Frau ...

Landesbischöfin der Evangelischen Landeskirche in Württemberg
Frau ...

Anrede:	
schriftlich:	Sehr verehrte/geehrte Frau Landesbischöfin (Bischöfin, Kirchenpräsidentin, Frau Präses, Landessuperintendentin, Präsidentin, Vorsitzende)
mündlich:	Frau Landesbischöfin (Bischöfin, Kirchenpräsidentin, Frau Präses, Landessuperintendentin, Präsidentin, Vorsitzende)
Schlußformel:	Mit freundlichen/verbindlichen Grüßen/ Empfehlungen // Mit vorzüglicher Hochachtung
Einladungskarte:	Frau Landesbischöfin (Bischöfin usw.) ...

Zusammenschlüsse innerhalb der EKD

Vereinigte Evangelisch-Lutherische Kirche Deutschlands (VELKD)

Anschrift:	An den leitenden Bischof der Vereinigten Evangelisch-Lutherischen Kirche Deutschlands Herrn ...
Anrede: schriftlich:	Sehr verehrter/geehrter Herr leitender Bischof
mündlich:	Herr leitender/Bischof
Schlußformel:	Mit freundlichen/verbindlichen Grüßen/ Empfehlungen // Mit vorzüglicher Hochachtung
Einladungskarte:	Herrn leitender Bischof ...

Evangelische Kirche der Union (EKU)

Anschrift:	An den Vorsitzenden des Rates der Evangelischen Kirche der Union Herrn ...
Anrede: schriftlich:	Sehr verehrter/geehrter Herr*
mündlich:	Herr*
Schlußformel:	Mit freundlichen/verbindlichen Grüßen/ Empfehlungen
Einladungskarte:	Herrn*

---

*   Amtstitel je nach Amt in einer der Gliedkirchen.

Deutscher Evangelischer Kirchentag

Anschrift:	An den Präsidenten/Generalsekretär/des Deutschen Evangelischen Kirchentages Herrn ...
Anrede:	
schriftlich:	Sehr verehrter/geehrter Herr Präsident/ Herr ...
mündlich:	Herr Präsident/Herr ...
Schlußformel:	Mit freundlichen/verbindlichen Grüßen/ Empfehlungen // Mit vorzüglicher Hochachtung
Einladungskarte:	Herrn ...

Zentrale kirchliche Verwaltungen

Oberkirchenrat, Oberlandeskirchenrat, Kirchenrat

Anschrift:	Herrn Oberkirchenrat (Oberlandes-kirchenrat, Kirchenrat)
Anrede:	
schriftlich:	Sehr verehrter/geehrter Herr Oberkirchenrat (Oberlandeskirchenrat, Kirchenrat)/ Herr ...
mündlich:	Herr Oberkirchenrat (Oberlandeskirchenrat, Kirchenrat) // Herr ...
Schlußformel:	Mit freundlichen/verbindlichen Grüßen/ Empfehlungen // Mit vorzüglicher Hochachtung
Einladungskarte:	Herrn Oberkirchenrat (Oberlandes-kirchenrat, Kirchenrat) ...

Regionale Ebene

Propst, Prälat, Kreisdekan, Landessuperintendent

Anschrift:	Herrn Propst (Prälat, Kreisdekan*, Landessuperintendent) ...

---

*   Anschrift für bayerische Kreisdekane, die zugleich Oberkirchenräte sind:
An den Kreisdekan des Kirchenkreises ...
Herrn Oberkirchenrat ...

Deutscher Evangelischer Kirchentag

Anschrift: An die Präsidentin/Generalsekretärin des
Deutschen Evangelischen Kirchentages
Frau ...

Anrede:
   schriftlich: Sehr verehrte/geehrte Frau Präsidentin/
Frau ...

   mündlich: Frau Präsidentin/Frau ...

Schlußformel: Mit freundlichen/verbindlichen Grüßen/
Empfehlungen // Mit vorzüglicher
Hochachtung

Einladungskarte: Frau ...

Zentrale kirchliche Verwaltungen

Oberkirchenrätin, Oberlandeskirchenrätin, Kirchenrätin

Anschrift: Frau Oberkirchenrätin (Oberlandeskirchenrätin, Kirchenrätin)

Anrede:
   schriftlich: Sehr verehrte/geehrte Frau Oberkirchenrätin
(Oberlandeskirchenrätin, Kirchenrätin)/
Frau ...

   mündlich: Frau Oberkirchenrätin (Oberlandeskirchenrätin, Kirchenrätin) //
Frau ...

Schlußformel: Mit freundlichen Grüßen/verbindlichen
Grüßen/Empfehlungen // Mit vorzüglicher
Hochachtung

Einladungskarte: Frau Oberkirchenrätin (Oberlandeskirchenrätin, Kirchenrätin) ...

Regionale Ebene

Pröpstin, Prälatin, Kreisdekanin, Landessuperintendentin

Anschrift: Frau Pröpstin (Prälatin, Kreisdekanin*,
Landessuperintendentin) ...

---

* Anschrift für bayerische Kreisdekaninnen, die zugleich Oberkirchenrätinnen sind:
An die Kreisdekanin des Kirchenkreises ...
Frau Oberkirchenrätin ...

Anrede:
   schriftlich: Sehr verehrter/geehrter Herr Propst (Prälat,
                       Kreisdekan, Landessuperintendent)

   mündlich: Herr Propst (Prälat, Kreisdekan, Landes-
                       superintendent) // Herr ...

Schlußformel: Mit freundlichen/verbindlichen Grüßen/
                       Empfehlungen // Mit vorzüglicher
                       Hochachtung

Einladungskarte: Herrn Propst (Prälat, Kreisdekan, Landes-
                       superintendent) ...

Örtliche Ebene

Dekan, Superintendent, Propst, Pfarrer, Pastor

Anschrift: Herrn Dekan (Superintendent, Propst,
                       Pfarrer, Pastor) ...

Anrede:
   schriftlich: Sehr verehrter/geehrter Herr Dekan
                       (Superintendent, Propst, Pfarrer, Pastor)/
                       Herr ...

   mündlich: Herr Dekan (Superintendent, Propst,
                       Pfarrer, Pastor) // Herr ...

Schlußformel: Mit freundlichen/verbindlichen Grüßen/
                       Empfehlungen // Mit vorzüglicher
                       Hochachtung

Einladungskarte: Herrn Dekan (Superintendent, Propst,
                       Pfarrer, Pastor) ...

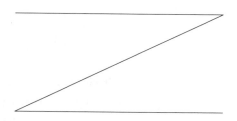

Örtliche Ebene

Superintendentin, Pröpstin, Pfarrerin, Pastorin

Anschrift:

Frau Superintendentin (Pröpstin, Pfarrer/ Pfarrerin, Pastor/Pastorin) . . .

Anrede:
   schriftlich:

Sehr verehrte/geehrte Frau Superintendentin (Pröpstin, Pfarrer/Pfarrerin, Pastor/Pastorin)/ Frau . . .

   mündlich:

Frau Superintendentin (Pröpstin, Pfarrer/ Pfarrerin, Pastor/Pastorin) // Frau . . .

Schlußformel:

Mit freundlichen/verbindlichen Grüßen/ Empfehlungen // Mit vorzüglicher Hochachtung

Einladungskarte:

Frau Superintendentin (Pröpstin, Pfarrer/ Pfarrerin, Pastor/Pastorin) . . .

ii) Katholische Kirche

Papst

Anschrift:	Seiner Heiligkeit Papst ...
Anrede: schriftlich:	Eure Heiligkeit // Heiliger Vater
mündlich:	Eure Heiligkeit // Heiliger Vater
Schlußformel:	Genehmigen Eure Heiligkeit den Ausdruck meiner ehrerbietigen Hochachtung // Mit dem Ausdruck meiner tiefen Verehrung/ehrerbietigen/verehrungsvollen Hochachtung

Kardinal

Anschrift:	Seiner Eminenz/ dem Hochwürdigsten/Herrn – Vorname – Kardinal – Familienname – Erzbischof (Bischof) von ...
Anrede: schriftlich:	Eminenz // Hochwürdigster/Sehr verehrter/ Herr Kardinal
mündlich:	Eminenz // Herr Kardinal
Schlußformel:	Genehmigen Sie, Eminenz/Hochwürdigster Herr Kardinal, den Ausdruck meiner Verehrung/ausgezeichneten/vorzüglichen Hochachtung

Erzbischof, Bischof, Weihbischof

Anschrift:	Seiner Exzellenz/ dem Hochwürdigsten/Herrn ... Erzbischof (Bischof) von ... (Herrn Weihbischof ...)
Anrede: schriftlich:	Exzellenz // Hochwürdigster/Hochverehrter/ Sehr verehrter/geehrter Herr Erzbischof (Bischof, Weihbischof)
mündlich:	Exzellenz // Herr Erzbischof (Bischof, Weihbischof)
Schlußformel:	Mit dem Ausdruck meiner ausgezeichneten/ vorzüglichen Hochachtung
Einladungskarte:	Seine Exzellenz/Herrn Erzbischof (Bischof,Weihbischof) ...

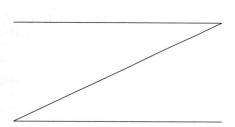

Prälat (Apostolischer Protonotar, Päpstlicher Ehrenprälat, Kaplan Seiner Heiligkeit, Monsignore)

Anschrift: Dem Hochwürdigsten/ Herrn Prälaten . . .

Anrede:
  schriftlich: Hochwürdigster/Sehr verehrter/geehrter Herr Prälat

  mündlich: Herr Prälat

Schlußformel: Mit freundlichen/verbindlichen Grüßen/ Empfehlungen // Mit ausgezeichneter/ vorzüglicher Hochachtung

Einladungskarte: Herrn Prälaten . . .

Generalvikar, Offizial, Dompropst, Domdekan, Domkapitular

Anschrift: Dem Hochwürdigsten/Herrn Generalvikar (Offizial, Dompropst, Domdekan, Domkapitular) . . .

Anrede:
  schriftlich: Hochwürdigster/Sehr verehrter/geehrter Herr Generalvikar (Offizial, Dompropst, Domdekan, Domkapitular)

  mündlich: Herr Generalvikar (Offizial, Dompropst, Domdekan, Domkapitular)

Schlußformel: Mit freundlichen/verbindlichen Grüßen/ Empfehlungen // Mit ausgezeichneter/ vorzüglicher Hochachtung

Einladungskarte: Herrn Generalvikar (Offizial, Dompropst, Domdekan, Domkapitular) . . .

Dechant, Dekan, Geistlicher Rat, Pfarrer

Anschrift: Dem Hochwürdigen/Herrn Dechanten (Dekan, Geistlichen Rat, Pfarrer) . . .

Anrede:
  schriftlich: Hochwürdiger/Sehr verehrter/geehrter Herr Dechant (Dekan, Geistlicher Rat, Pfarrer)

  mündlich: Herr Dechant (Dekan, Geistlicher Rat, Pfarrer)/Herr . . .

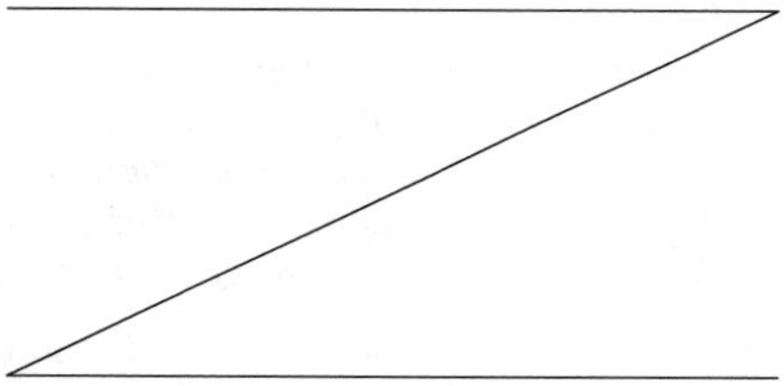

Schlußformel:	Mit freundlichen/verbindlichen Grüßen/ Empfehlungen // Mit vorzüglicher Hochachtung
Einladungskarte:	Herrn Dechanten (Dekan, Geistlichen Rat, Pfarrer) . . .

Deutsche Bischofskonferenz

Anschrift:	Seiner Exzellenz (Eminenz)/ dem Hochwürdigsten/Herrn Vorsitzenden der Deutschen Bischofskonferenz – Vorname – (Kardinal) – Familienname – (Erz-)Bischof von . . .
Anrede: schriftlich:	Exzellenz (Eminenz) // Hochwürdigster/Herr (Erz-)Bischof (Kardinal)
mündlich:	Exzellenz (Eminenz) // Herr (Erz-)Bischof (Kardinal)
Schlußformel:	Genehmigen Sie, Exzellenz (Eminenz)/Hoch- würdigster Herr (Erz-)Bischof (Kardinal), den Ausdruck meiner Verehrung/ausgezeich- neten Hochachtung // Mit dem Ausdruck meiner ausgezeichneten Hochachtung
Einladungskarte:	Seine Exzellenz (Eminenz) Herrn (Erz-)Bischof – Vorname – (Kardinal) – Familienname –

Kommissariat der Deutschen Bischöfe

Anschrift:	An den Leiter des Kommissariats der Deutschen Bischöfe Hochwürdigsten/Herrn Prälaten* . . .
Anrede: schriftlich:	Hochwürdigster/Sehr verehrter/geehrter Herr Prälat
mündlich:	Herr Prälat
Schlußformel:	Mit freundlichen/verbindlichen Grüßen/ Empfehlungen // Mit vorzüglicher Hochachtung
Einladungskarte:	Herrn Prälaten . . .

---

*   oder sonstige Amtsbezeichnung

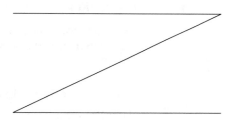

Militärseelsorge

Anschrift:	Seiner Exzellenz/ dem Hochwürdigsten/Herrn Militär- bischof . . . Bischof (Erzbischof) von . . .
Anrede: schriftlich:	Exzellenz // Hochwürdigster/Hochverehrter/ Sehr verehrter Herr Militärbischof
mündlich:	Exzellenz // Herr Bischof
Schlußformel:	Mit dem Ausdruck meiner ausgezeichneten/ vorzüglichen Hochachtung // Mit ausgezeich- neter/vorzüglicher Hochachtung
Einladungskarte:	Seine Exzellenz/Herrn Militärbischof . . .

Zentralkomitee der Deutschen Katholiken

Anschrift:	An den Präsidenten des Zentralkomitees der deutschen Katholiken Herrn . . .
Anrede: schriftlich:	Sehr geehrter Herr Präsident/Herr . . .
mündlich:	Herr Präsident // Herr . . .
Schlußformel:	Mit freundlichen/verbindlichen Grüßen/ Empfehlungen // Mit vorzüglicher Hochachtung
Einladungskarte:	Herrn Präsidenten . . .

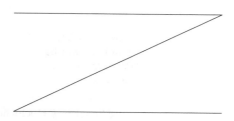

Zentralkomitee der Deutschen Katholiken

Anschrift:	An die Präsidentin des Zentralkomitees der Deutschen Katholiken Frau ...
Anrede:	
schriftlich:	Sehr geehrte Frau Präsidentin/Frau ...
mündlich:	Frau Präsidentin // Frau ...
Schlußformel:	Mit freundlichen/verbindlichen Grüßen/ Empfehlungen // Mit vorzüglicher Hochachtung
Einladungskarte:	Frau Präsidentin ...

iii) Orthodoxe Kirche

Patriarch

·Anschrift:

Seiner Seligkeit*/
dem Hochwürdigsten
Patriarchen von ...
Herrn ...

Anrede:
    schriftlich:

Eure Seligkeit // Hochwürdigster Herr
Patriarch

    mündlich:

Eure Seligkeit // Herr Patriarch

Schlußformel:

Genehmigen Eure Seligkeit/Hochwürdigster
Herr Patriarch, den Ausdruck meiner ausge-
zeichneten/ehrerbietigen Hochachtung

Metropolit

Anschrift:

Seiner Eminenz/
Herrn Metropoliten ...
Exarch von Zentraleuropa

Anrede:
    schriftlich:

Eminenz // Hochwürdigster Herr Metropolit

    mündlich:

Eminenz

Schlußformel:

Mit dem Ausdruck meiner ausgezeichneten/
ehrerbietigen Hochachtung

---

*   Das Prädikat „Eure Seligkeit" beschränkt sich auf Patriarchen des orientalischen Ritus. Dem Patriarchen von Konstantinopel steht das Prädikat „Eure Allheiligkeit" zu.
Die Patriarchen des lateinischen Ritus in Venedig, Lissabon und Jerusalem werden, wenn sie Kardinäle sind, mit „Eminenz", im übrigen mit „Exzellenz" angeschrieben und angeredet.

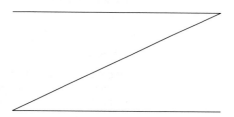

iv) Jüdische Religionsgemeinschaft

Landesrabbiner

Anschrift:	Herrn Landesrabbiner ...
Anrede:	
schriftlich:	Sehr verehrter/geehrter/Herr Landesrabbiner
mündlich:	Herr Landesrabbiner
Schlußformel:	Mit dem Ausdruck meiner vorzüglichen Hochachtung // Mit vorzüglicher Hochachtung
Einladungskarte:	Herrn Landesrabbiner ...

Rabbiner

Anschrift:	Herrn Rabbiner ...
Anrede:	
schriftlich:	Sehr verehrter/geehrter Herr Rabbiner
mündlich:	Herr Rabbiner // Herr ...
Schlußformel:	Mit dem Ausdruck meiner vorzüglichen Hochachtung // Mit vorzüglicher Hochachtung
Einladungskarte:	Herrn Rabbiner ...

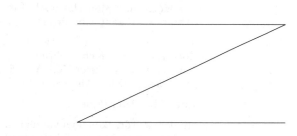

14. Geistliche Orden, Kongregationen und andere Gemeinschaften

Die Zahl der geistlichen Orden, Kongregationen und anderen Gemeinschaften ist zu groß, um die Titulierungen ihrer Mitglieder in dieser Broschüre umfassend zu behandeln. Es sollen jedoch wenige ausgewählte Beispiele genannt werden, deren Titulierungen einen gewissen Modellcharakter haben. Das bedeutet keine Gewichtung gegenüber anderen Orden und Gemeinschaften.

Aus Gründen der Höflichkeit werden auch überkommene Prädikate angeboten, selbst wenn sie im öffentlichen Leben nicht mehr allgemein Anwendung finden.

i) Priesterorden und -kongregationen

Benediktiner O.S.B.; Abtprimas, Abtpräses, Erzabt, Abt, Prior

Anschrift:	dem Hochwürdigsten/Herrn Abtprimas (Abtpräses, Erzabt, Abt, Prior) ... O.S.B.
Anrede: schriftlich:	Hochwürdigster/Hochverehrter/ Sehr verehrter/geehrter Herr Abtprimas (Abtpräses, Erzabt, Abt, Pater Prior)
mündlich:	Vater Abt (Pater Prior)
Schlußformel:	Mit dem Ausdruck meiner vorzüglichen Hochachtung // Mit freundlichen/verbindlichen Grüßen/Empfehlungen
Einladungskarte*:	Herrn Abtprimas (Abtpräses, Erzabt, Abt, Prior) ... O.S.B.,

Dominikaner O.P.; Generalmagister, Provinzial

Anschrift:	Dem Hochwürdigsten/Herrn Generalmagister (Provinzial) Pater ... O.P.
Anrede: schriftlich:	Hochwürdigster/Hochverehrter/Sehr verehrter/geehrter/Herr/Pater/Generalmagister (Provinzial)
mündlich:	Herr/Pater Generalmagister (Provinzial)

---

* Besser: persönlich gezeichnetes Schreiben.

Schlußformel:	Mit dem Ausdruck meiner vorzüglichen Hochachtung // Mit freundlichen/verbindlichen Grüßen/Empfehlungen
Einladungskarte*:	Herrn Generalmagister (Provinzial) Pater ... O.P.,

Franziskaner O.F.M.; Generalminister, Provinzial

Anschrift:	Dem Hochwürdigsten/Herrn Generalminister (Provinzial) Pater ... O.F.M.
Anrede: schriftlich:	Hochwürdigster/Hochverehrter/Sehr verehrter/geehrter Herr/Pater Generalminister (Provinzial)
mündlich:	Herr/Pater Generalminister (Provinzial)
Schlußformel:	Mit dem Ausdruck meiner vorzüglichen Hochachtung // Mit freundlichen/verbindlichen Grüßen/Empfehlungen
Einladungskarte*:	Herrn Generalminister (Provinzial) Pater ... O.F.M.,

Jesuiten S.J.; General, Provinzial

Anschrift:	Dem Hochwürdigsten/Herrn Pater General (Provinzial) ... S.J.
Anrede: schriftlich:	Hochwürdigster/Hochverehrter/Sehr verehrter/geehrter Pater General (Provinzial)
mündlich:	Pater General (Provinzial)
Schlußformel:	Mit dem Ausdruck meiner vorzüglichen Hochachtung // Mit freundlichen/verbindlichen Grüßen/Empfehlungen
Einladungskarte*:	Herrn Pater General (Provinzial) ..., S.J.,

---

* Besser: persönlich gezeichnetes Schreiben.

ii) Brüderorden und -kongregationen

Generaloberer, Provinzial

Anschrift: Dem Ehrwürdigen/Herrn Generaloberen
                              (Provinzial) der . . . (Name des Ordens oder
                              der Kongregation)
                              Bruder . . .

Anrede:
  schriftlich: Ehrwürdiger/Sehr verehrter/geehrter Bruder
                              General (Provinzial)

  mündlich: Bruder General (Provinzial)

Schlußformel: Mit dem Ausdruck meiner vorzüglichen
                              Hochachtung // Mit freundlichen/verbind-
                              lichen Grüßen/Empfehlungen

Einladungskarte: Herrn Generaloberen (Provinzial)
                              Bruder . . .

Bruder

Anschrift: Dem Ehrwürdigen/Bruder . . .

Anrede:
  schriftlich: Ehrwürdiger/Sehr verehrter/geehrter
                              Bruder . . .

  mündlich: Bruder . . .

Schlußformel: Mit freundlichen/verbindlichen Grüßen/
                              Empfehlungen // Mit vorzüglicher
                              Hochachtung

Einladungskarte: Herrn/Bruder . . .

ii) Frauenorden und -kongregationen

Äbtissin, Generaloberin, Provinzoberin, Priorin

Anschrift: Der Ehrwürdigen/Äbtissin (Generaloberin, Provinzoberin, Priorin) der ... (Name des Ordens oder der Kongregation) Frau ...

Anrede:
  schriftlich: Ehrwürdige/Sehr verehrte/geehrte Frau Äbtissin (Generaloberin, Provinzoberin, Priorin)

  mündlich: Frau Äbtissin (Generaloberin, Provinzoberin, Priorin)

Schlußformel: Mit dem Ausdruck meiner vorzüglichen Hochachtung // Mit freundlichen/verbindlichen Grüßen/Empfehlungen

Einladungskarte: Frau Äbtissin (Generaloberin, Provinzoberin, Priorin) ...

Schwester

Anschrift: Der Ehrwürdigen/Schwester ...

Anrede:
  schriftlich: Ehrwürdige/Sehr verehrte/geehrte Schwester ...

  mündlich: Schwester ...

Schlußformel: Mit freundlichen/verbindlichen Grüßen/ Empfehlungen // Mit vorzüglicher Hochachtung

Einladungskarte: Schwester ...

iii) Oekumenische Gemeinschaft

Communauté de Taizé; Prior

Anschrift:	Dem Prior der Communauté de Taizé Bruder ...
Anrede: schriftlich:	Sehr verehrter/geehrter Bruder ...
mündlich:	Bruder ...
Schlußformel:	Mit vorzüglicher Hochachtung // Mit freund- lichen/verbindlichen Grüßen/Empfehlungen

iv) Ritterorden

Deutscher Orden O.T.*; Hochmeister

Anschrift:	Seiner Exzellenz dem Hochmeister der Brüder vom Deutschen Haus Sankt Mariens in Jerusalem Pater ...
Anrede: schriftlich:	Eure Exzellenz
mündlich:	Eure Exzellenz
Schlußformel:	Mit dem Ausdruck meiner ausgezeichneten/ vorzüglichen Hochachtung

---

*   Der Orden hat jetzt den Charakter eines geistlichen Ordens

Johanniterorden; Herrenmeister

Anschrift: – Etwaiges Prädikat –/dem Herrenmeister der Balley Brandenburg des Ritterlichen Ordens St. Johannis vom Spital zu Jerusalem Herrn . . .

Anrede:
schriftlich: – Etwaiges Prädikat – // Sehr verehrter/ geehrter Herrenmeister/Herr . . .

mündlich: – Etwaiges Prädikat – // Herr . . .

Schlußformel: Mit dem Ausdruck meiner vorzüglichen Hochachtung // Mit freundlichen/verbindlichen Grüßen/Empfehlungen

Malteserorden siehe Unterabschnitt 16.

Ritterorden vom Heiligen Grabe zu Jerusalem R.O.H.G.J.; Deutscher Statthalter

Anschrift: An den Statthalter (Großprior) des Ritterlichen Ordens vom Heiligen Grabe zu Jerusalem Herrn . . .

Anrede:
schriftlich: – Etwaiges Prädikat – // Sehr verehrter/ geehrter Herr Statthalter (Großprior)

mündlich: – Etwaiges Prädikat – // Herr Statthalter (Großprior) // Herr . . .

Schlußformel: Mit dem Ausdruck meiner vorzüglichen Hochachtung // Mit freundlichen/verbindlichen Grüßen/Empfehlungen

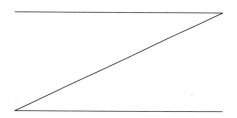

15. Adel

Die öffentlich-rechtlichen Vorrechte des Adels sind aufgrund des Artikels 109 Abs. 2 Satz 2 der Weimarer Reichsverfassung aufgehoben worden. Adelsbezeichnungen gelten als Bestandteile des Namens fort.

Es ist namensrechtlich ohne Zweifel korrekt, Mitglieder adeliger Familien ohne den Zusatz von Adelsprädikaten wie „Hoheit", „Durchlaucht" als „Herr" („Frau") – Vorname – „Herzog" („Herzogin"), „Prinz" („Prinzessin"), „Freiherr" („Freifrau") usw. – Familienname – zu titulieren.

Das gesellschaftliche, zum Teil auch das geschäftliche und öffentliche Leben begnügen sich damit nicht. Soweit entsprechende Sensibilität vorhanden ist und auf gepflegte Umgangsformen Wert gelegt wird, finden beim historischen Adel vielfach die aus vorweimarischer Zeit überkommenen Titulierungen Anwendung.*

Auch das ist korrekt. Wie es dem einzelnen überlassen ist, ob er z. B. den Vorsitzenden oder die Vorsitzende eines privaten Verbandes nach dessen Statuten als „Präsident" („Präsidentin") oder einfach mit seinem (ihrem) Namen anredet, so mag jeder für sich entscheiden, ob er sich beim Adel hergebrachter Formulierungen befleißigt oder nicht.

Die folgenden Muster enthalten vorwiegend Formulierungsvorschläge, die auf vorweimarische Zeit zurückgehen. Manches hat sich seither geändert. Anreden in dritter Person sind im deutschen öffentlichen Leben seit langem obsolet. Vornamen werden vor dem Adelstitel und nicht, wie früher beim niederen Adel zwischen diesem und dem Familiennamen ausgebracht, da das zu einer Aufspaltung des jetzigen Gesamtnamens führen würde. Doch auch hier gilt der Satz: Keine Regel ohne Ausnahme.

Unüblich sind im gesellschaftlichen Verkehr die Anredeformen „Herr", „Frau", „Fräulein" vor einem zum Namensbestandteil gewordenen Adelstitel in der schriftlichen und mündlichen Anrede. Nach einem solchen Titel entfallen hier meistens auch die Adelspartikel „von", „von der", „zu", „von und zu" (schriftlich oft in gekürzter Form: „v.", „v. der", „v. u. zu").

Adelsprädikate werden beim hohen Adel in Anschrift, Anrede und Einladungskarte ausgebracht. Beim niederen Adel finden sich die Prädikate „Hochgeboren" und „Hochwohlgeboren" oft in abgekürzter Form – „S. H." für Adressaten, „I. H." für Adressatinnen, „S. H., I. H." oder, „I. I. H. H." für Ehepaare in Anschriften, seltener auch in Einladungskarten.

Die Muster veranschaulichen die gängigsten Prädikate, auch wenn sich ihre unreflektierte Verwendung nicht immer anbietet.

Die Muster bringen nicht die mitunter anzutreffende Anrede allein mit Adelstitel und Vornamen.

Hiernach lassen sich die gebräuchlichsten Titulierungen des deutschen Adels in der Systematik dieser Broschüre zusammengefaßt so darstellen:

---

* Durch die weibliche Linie, Adoption, Namensänderung, Einbenennung oder uneheliche Geburt erworbene oder infolge Bestimmung des Geburtsnamens der Ehefrau zum Familiennamen geführte adelige Namen entsprechen nicht dem historischen Adelsrecht. Soweit der Namenserwerb bekannt ist, werden solche Namensträger gemäß obigem Absatz 2 angeschrieben und angeredet; das gilt auch für nachfolgende Generationen.

Markgraf, Herzog

Anschrift:	Seiner (Königlichen) Hoheit/ – Vorname – Markgraf (Herzog) von (zu) ...*
Anrede: schriftlich:	(Königliche) Hoheit // Sehr verehrter/geehrter Markgraf (Herzog) von (zu) ...
mündlich:	(Königliche) Hoheit // Markgraf (Herzog) von (zu) ...
Schlußformel:	Mit ausgezeichneter/vorzüglicher Hochach- tung // Mit freundlichen/verbindlichen Grüßen/Empfehlungen
Einladungskarte:	Seine (Königliche) Hoheit/ – Vorname – Markgraf (Herzog) von (zu) ...*

Fürst

Anschrift:	Seiner Hoheit (Seiner Durchlaucht)/ – Vorname – Fürst von (zu) ...*
Anrede: schriftlich:	Hoheit (Durchlaucht) // Sehr verehrter/geehrter Fürst ...
mündlich:	Hoheit (Durchlaucht) // Fürst ...
Schlußformel:	Mit ausgezeichneter/vorzüglicher Hochach- tung // Mit freundlichen/verbindlichen Grüßen/Empfehlungen
Einladungskarte:	Seine Hoheit (Durchlaucht)/ – Vorname – Fürst von (zu) ...*

---

* Falls das Adelsprädikat weggelassen wird, kann der Adelstitel dem Vornamen vorangesetzt werden.

Markgräfin, Herzogin

Anschrift:	Ihrer (Königlichen) Hoheit/ – Vorname – Markgräfin (Herzogin) von (zu) ...*
Anrede: schriftlich:	 (Königliche) Hoheit // Sehr verehrte/geehrte Markgräfin (Herzogin) von (zu) ...
mündlich:	(Königliche) Hoheit // Markgräfin (Herzogin) von (zu) ...
Schlußformel:	Mit ausgezeichneter/vorzüglicher Hoch-achtung // Mit freundlichen/verbindlichen Grüßen/Empfehlungen
Einladungskarte:	Ihre (Königliche) Hoheit/ – Vorname – Markgräfin (Herzogin) von (zu) ...*

Fürstin

Anschrift:	Ihrer Hoheit (Ihrer Durchlaucht)/ – Vorname – Fürstin von (zu) ...*
Anrede: schriftlich:	 Hoheit (Durchlaucht) // Sehr verehrte/geehrte Fürstin ...
mündlich:	Hoheit (Durchlaucht) // Fürstin ...
Schlußformel:	Mit ausgezeichneter/vorzüglicher Hoch-achtung // Mit freundlichen/verbindlichen Grüßen/Empfehlungen
Einladungskarte:	Ihre Hoheit (Durchlaucht)/ – Vorname – Fürstin von (zu) ...*

---

* Falls das Adelsprädikat weggelassen wird, kann der Adelstitel dem Vornamen vorangesetzt werden.

Prinz

Anschrift:	Seiner (Königlichen) Hoheit (Seiner Durchlaucht)/ – Vorname – Prinz von (zu) ...*
Anrede: schriftlich:	(Königliche) Hoheit (Durchlaucht) // Sehr verehrter/geehrter Prinz ...
mündlich:	(Königliche) Hoheit (Durchlaucht) // Prinz ...
Schlußformel:	Mit ausgezeichneter/vorzüglicher Hochachtung // Mit freundlichen/verbindlichen Grüßen/Empfehlungen
Einladungskarte:	Seine (Königliche) Hoheit (Durchlaucht)/ – Vorname – Prinz von ...*

Graf (hoher Adel)

Anschrift:	Seiner Erlaucht/ – Vorname – Graf von (zu) ...
Anrede: schriftlich:	Erlaucht // Sehr verehrter/geehrter Graf ...
mündlich:	Erlaucht // Graf ...
Schlußformel:	Mit ausgezeichneter/vorzüglicher Hochachtung // Mit freundlichen/verbindlichen Grüßen/Empfehlungen
Einladungskarte:	Seine Erlaucht/ – Vorname – Graf von (zu) ...*

---

* Falls das Adelsprädikat weggelassen wird, kann der Adelstitel dem Vornamen vorangesetzt werden.

Prinzessin

Anschrift:	Ihrer (Königlichen) Hoheit (Ihrer Durchlaucht)/ – Vorname – Prinzessin von (zu) …*
Anrede: schriftlich:	(Königliche) Hoheit (Durchlaucht) // Sehr verehrte/geehrte Prinzessin …
mündlich:	(Königliche) Hoheit (Durchlaucht) // Prinzessin …
Schlußformel:	Mit ausgezeichneter/vorzüglicher Hochachtung // Mit freundlichen/verbindlichen Grüßen/Empfehlungen
Einladungskarte:	Ihre (Königliche) Hoheit (Durchlaucht)/ – Vorname – Prinzessin von (zu) …*

Gräfin (hoher Adel)

Anschrift:	Ihrer Erlaucht/ – Vorname – Gräfin von (zu) …*
Anrede: schriftlich:	Erlaucht // Sehr verehrte/geehrte Gräfin …
mündlich:	Erlaucht // Gräfin …
Schlußformel:	Mit ausgezeichneter/vorzüglicher Hochachtung // Mit freundlichen/verbindlichen Grüßen/Empfehlungen
Einladungskarte:	Ihre Erlaucht/ – Vorname – Gräfin von (zu) …*

---

*   Falls das Adelsprädikat weggelassen wird, kann der Adelstitel dem Vornamen vorangesetzt werden.

Graf (niederer Adel)

Anschrift:	S. H./ Herrn – Vorname – Graf (von, von der, zu) . . .
Anrede: schriftlich:	Sehr verehrter/geehrter Graf . . .
mündlich:	Graf . . .
Schlußformel:	Mit freundlichen/verbindlichen Grüßen/ Empfehlungen // Mit ausgezeichneter/ vorzüglicher Hochachtung
Einladungskarte:	Herrn – Vorname – Graf (von, von der, zu) . . .

Freiherr, Baron

Anschrift:	S. H./ Herrn – Vorname – Freiherr (Baron) (von, von der, zu) . . .*
Anrede: schriftlich:	Sehr verehrter/geehrter Baron . . . // Sehr verehrter/geehrter Herr von (von der, zu) . . .**
mündlich:	Baron . . . // Herr von (von der, zu) . . .**
Schlußformel:	Mit freundlichen/verbindlichen Grüßen/ Empfehlungen // Mit ausgezeichneter/ vorzüglicher Hochachtung
Einladungskarte:	Herrn – Vorname – Freiherr* (Baron) (von, von der, zu) . . .

---

*   Zur Vermeidung der wie ein Pleonasmus wirkenden Aufeinanderfolge von „Herrn" und „Freiherr" kann das Wort „Freiherr" im Dativ. bzw. auf Einladungskarten im Akkusativ, vor die anderen Namensteile einschließlich des Vornamens gesetzt und „Herrn" weggelassen werden.

*   In der schriftlichen und mündlichen Anrede wird „Freiherr" in der Regel durch „Baron" oder die Anrede „Herr von (von der, zu) . . ." ersetzt.

Gräfin (niederer Adel)

Anschrift:
I. H./
Frau – Vorname – Gräfin
(von, von der, zu) . . .

Anrede:
schriftlich:
Sehr verehrte/geehrte Gräfin . . .

mündlich:
Gräfin . . .

Schlußformel:
Mit freundlichen/verbindlichen Grüßen/
Empfehlungen // Mit ausgezeichneter/
vorzüglicher Hochachtung

Einladungskarte:
Frau – Vorname – Gräfin
(von, von der, zu) . . .

Freifrau, Baronin

Anschrift:
I. H./
Frau – Vorname –
Freifrau (Baronin)
(von, von der, zu) . . .*

Anrede:
schriftlich:
Sehr verehrte/geehrte
Baronin . . . // Sehr verehrte/geehrte
Frau von (von der, zu) . . .**

mündlich:
Baronin . . . // Frau von
(von der, zu) . . .**

Schlußformel:
Mit freundlichen/verbindlichen Grüßen/
Empfehlungen // Mit ausgezeichneter/
vorzüglicher Hochachtung

Einladungskarte:
Frau – Vorname – Freifrau* (Baronin)
(von, von der, zu) . . .

---

* Zur Vermeidung der wie ein Pleonasmus wirkenden Aufeinanderfolge von „Frau" und „Freifrau" kann das Wort „Freifrau" vor die anderen Namensteile einschließlich des Vornamens gesetzt und „Frau" weggelassen werden.

** In der schriftlichen und mündlichen Anrede wird „Freifrau" in der Regel durch „Baronin" oder die Anrede „Frau von (von der, zu) . . ." ersetzt.

Ritter

Anschrift:	S. H. / Herrn – Vorname – Ritter von . . .
Anrede: schriftlich:	Sehr verehrter/geehrter Herr von . . .*
mündlich:	Herr von . . .*
Schlußformel:	Mit freundlichen/verbindlichen Grüßen/ Empfehlungen // Mit ausgezeichneter/ vorzüglicher Hochachtung
Einladungskarte:	Herrn – Vorname – Ritter von . . .

Nichttitulierter Adel

Anschrift:	S. H. / Herrn – Vorname – (Edler) von . . .
Anrede: schriftlich:	Sehr verehrter/geehrter Herr von . . .**
mündlich:	Herr von . . .**
Schlußformel:	Mit freundlichen/verbindlichen Grüßen/ Empfehlungen // Mit ausgezeichneter/ vorzüglicher Hochachtung
Einladungskarte:	Herrn – Vorname – (Edler) von . . .

---

*   In der schriftlichen und mündlichen Anrede wird der Adelstitel „Ritter" weggelassen.
**   Die Bezeichnung „Edler" wird in der schriftlichen und mündlichen Anrede weggelassen.

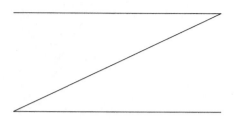

Nichttitulierter Adel

Anschrift:	I. H./ Frau – Vorname – (Edle) von . . .
Anrede: schriftlich:	Sehr verehrte/geehrte Frau von . . .*
mündlich:	Frau von . . .*
Schlußformel:	Mit freundlichen/verbindlichen Grüßen/ Empfehlungen // Mit ausgezeichneter/ vorzüglicher Hochachtung
Einladungskarte:	Frau – Vorname – (Edle) von . . .

---

*   Die Bezeichnung „Edle" wird in der schriftlichen und mündlichen Anrede weggelassen.

16. Monarchien der EG-Staaten

Souveräne werden vielfach in der Sprache ihres Landes angeschrieben und angesprochen. Daher werden hier auch die entsprechenden fremdsprachlichen Formulierungen geboten.

Verfasser von Schreiben an einen Souverän oder ein Mitglied eines königlichen Hauses, dem sie nicht persönlich bekannt sind, erkundigen sich zunächst, ob das Schriftstück nicht an den Privatsekretär oder einen sonstigen Empfangsberechtigten zu richten ist mit der Bitte, es Seiner (Ihrer) Majestät (Königlichen Hoheit) bekannt zu geben.

Ebenso wie Souveräne werden königliche Prinzen und Prinzessinnen mündlich erst angeredet, nachdem s i e das Gespräch begonnen haben; dabei antwortet der Angesprochene möglichst in der Sprache, in der er angeredet wird.

Der Schriftverkehr mit einem Souverän als eigenem Staatsoberhaupt richtet sich nach den dafür geltenden nationalen Regeln; dies gilt insbesondere für die Formulierung der Schlußformeln.

König der Belgier

Anschrift:	Seiner Majestät dem König der Belgier // A Sa Majesté le Roi des Belges // Aan Zijne Majesteit de Koning der Belgen
Anrede: schriftlich:	Eure Majestät // Sire // Sire
mündlich:	Eure Majestät // Sire // Sire
Schlußformel:	Genehmigen Majestät den Ausdruck meiner ehrerbietigen Hochachtung // Mit dem Ausdruck meiner ehrerbietigen/ verehrungsvollen Hochachtung // J'ai l'honneur de présenter, Sire, à Votre Majesté l'assurance de mon très profond respect // Daigne Votre Majesté agréer l'expression de mon très profond respect // Het behage Zijne Majesteit de blijken van mijn diepste eerbied te willen aanvaarden // Ik moge de Koning verzoeken de betuiging van mijn diepe eerbied wel te willen aanvaarden

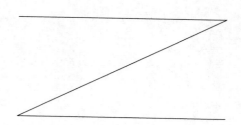

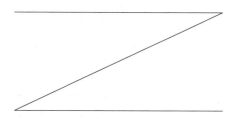

Königin der Belgier (nicht regierend)

Anschrift:

Ihrer Majestät
der Königin der Belgier //
A Sa Majesté
la Reine des Belges //
Aan Hare Majesteit
de Koningin der Belgen

Anrede:
  schriftlich:

Eure Majestät // Madame // Mevrouw

  mündlich:

Eure Majestät // Madame // Mevrouw

Schlußformel:

Genehmigen Majestät den Ausdruck meiner
ehrerbietigen Hochachtung // Mit dem Ausdruck meiner ehrerbietigen/verehrungsvollen
Hochachtung //
J'ai l'honneur de présenter, Madame, à Votre
Majesté l'assurance de mon très profond
respect // Daigne Votre Majesté agréer
l'expression de mon très profond respect //
Het behage Hare Majesteit de blijken van
mijn diepste eerbied te willen aanvaarden //
Ik moge de Koningin verzoeken de betuiging
van mijne diepe eerbied wel te willen aanvaarden

König von Dänemark

Anschrift:

Seiner Majestät
dem König – Vorname + Ordnungszahl – von
Dänemark //
Hans Majestæt
Kong – fornavn + ordenstal –
af Danmark

Anrede:
    schriftlich:

Eure Majestät // Deres Majestæt

    mündlich:

Eure Majestät // Deres Majestæt

Schlußformel:

Genehmigen Majestät den Ausdruck meiner
ehrerbietigen Hochachtung // Mit dem
Ausdruck meiner ehrerbietigen/
verehrungsvollen Hochachtung //
Modtag, Deres Majestæt, forsikringen om
min mest udmærkede højagtelse/I ærbødighed

Prinzgemahl

Anschrift:

Seiner Königlichen Hoheit
dem Prinzen – Vorname – von Dänemark //
Hans Kongelige Højhed
Prins – fornavn – af Danmark

Anrede:
    schriftlich:

Eure Königliche Hoheit // Deres Kongelige
Højhed

    mündlich:

Eure Königliche Hoheit // Deres Kongelige
Højhed

Schlußformel:

Genehmigen Königliche Hoheit den
Ausdruck meiner ehrerbietigen Hochachtung //
Modtag, Deres Kongelige Højhed,
forsikringen om min mest udmærkede
højagtelse

Königin von Dänemark

Anschrift:

Ihrer Majestät
der Königin – Vorname + Ordnungszahl –
von Dänemark //
Hendes Majestæt
Dronning – fornavn + ordenstal –
af Danmark

Anrede:
    schriftlich:

Eure Majestät // Deres Majestæt

    mündlich:

Eure Majestät // Deres Majestæt

Schlußformel:

Genehmigen Majestät den Ausdruck meiner
ehrerbietigen Hochachtung // Mit dem Ausdruck meiner ehrerbietigen/verehrungsvollen
Hochachtung //
Modtag, Deres Majestæt, forsikringen om
min mest udmærkede højagtelse/I ærbødighed

Königin (nicht regierend)

Anschrift:

Ihrer Majestät
Königin – Vorname – //
Hendes Majestæt
Dronning – fornavn –

Anrede:
    schriftlich:

Eure Majestät // Deres Majestæt

    mündlich:

Eure Majestät // Deres Majestæt

Schlußformel:

Genehmigen Majestät den Ausdruck meiner
ehrerbietigen Hochachtung // Mit dem Ausdruck meiner ehrerbietigen/verehrungsvollen
Hochachtung //
Modtag, Deres Majestæt, forsikringen om
min mest udmærkede højagtelse/
I ærbøidighed

König des Vereinigten Königreichs Großbritannien und Nordirland

Anschrift:

Seiner Majestät
dem König des Vereinigten Königreichs
Großbritannien und Nordirland //
To His Majesty
The King (offizielle Schreiben: The King's
Most Excellent Majesty) of the United King-
dom of Great Britain and Northern Ireland

Anrede:
    schriftlich:

Eure Majestät // Sir/May it please
Your Majesty

    mündlich:

Eure Majestät // Your Majesty/Sir*

Schlußformel:

Genehmigen Majestät den Ausdruck meiner
ehrerbietigen Hochachtung // Mit dem Ausdruck meiner ehrerbietigen/verehrungsvollen
Hochachtung //
I beg Your Majesty to be pleased to accept the
assurance of my deep respect // I have the
honour to be, Sir, Your Majesty's most
respectful . . .**

Prinzgemahl

Anschrift:

Seiner Königlichen Hoheit
dem Prinzen – Vorname –, Herzog von . . . //
To His Royal Highness
The Prince – Christian name –, Duke of . . .

Anrede:
    schriftlich:

Eure Königliche Hoheit // Sir

    mündlich:

Eure Königliche Hoheit // Your Royal High-
ness/Sir***

Schlußformel:

Genehmigen Königliche Hoheit den Aus-
druck meiner ehrerbietigen Hochachtung //
I beg Your Royal Highness to be pleased to
accept the assurance of my deep respect //
I have the honour to be, Sir, Your Royal
Highness's very respectful . . .****

---

*   „Your Majesty" bei der ersten Erwiderung, „Sir" im weiteren Gespräch.
**   Dem „respectful" folgt vor der Unterschrift die Bezeichnung der Eigenschaft, in der sich der Absender an den König wendet, z. B. Ambassador of . . .
***   „Your Royal Highness" bei der ersten Erwiderung, „Sir" im weiteren Gespräch.
**** Dem „respectful" folgt vor der Unterschrift die Bezeichnung der Eigenschaft, in der sich der Absender an den Prinzen wendet, z. B. Ambassador of . . .

Königin des Vereinigten Königreichs Großbritannien und Nordirland

Anschrift:

Ihrer Majestät
der Königin des Vereinigten Königreichs
Großbritannien und Nordirland //
To Her Majesty
The Queen (offizielle Schreiben: The Queen's
Most Excellent Majesty) of the United King-
dom of Great Britain and Northern Ireland

Anrede:
    schriftlich:

Eure Majestät // Madam/May it please
Your Majesty

    mündlich:

Eure Majestät // Your Majesty/Ma'am*

Schlußformel:

Genehmigen Majestät den Ausdruck meiner
ehrerbietigen Hochachtung // Mit dem Ausdruck meiner ehrerbietigen/verehrungsvollen
Hochachtung //
I beg Your Majesty to be pleased to accept the
assurance of my deep respect // I have the
honour to be, Madam, Your Majesty's most
respectful ...**

Königin (nicht regierend)

Anschrift:

Ihrer Majestät
Königin – Vorname – //
To Her Majesty
Queen – Christian name –

Anrede:
    schriftlich:

Eure Majestät //
Madam/May it please Your Majesty

    mündlich:

Eure Majestät // Your Majesty/Ma'am*

Schlußformel:

Genehmigen Majestät den Ausdruck meiner
ehrerbietigen Hochachtung // Mit dem Ausdruck meiner ehrerbietigen/verehrungsvollen
Hochachtung //
I beg Your Majesty to be pleased to accept the
assurance of my deep respect // I have the
honour to be, Madam, Your Majesty's most
respectful ...**

---

*   „Your Majesty" bei der ersten Erwiderung. „Ma'am" im weiteren Gespräch.
** Dem „respectful" folgt vor der Unterschrift die Bezeichnung der Eigenschaft, in der sich der Absender an
die Königin wendet, z. B. Ambassador of ...

Fürst von und zu Liechtenstein

Anschrift:	Seiner Durchlaucht dem Fürsten – Vorname – von und zu Liechtenstein
Anrede: schriftlich:	Eure/Durchlaucht
mündlich:	Eure/Durchlaucht
Schlußformel:	Genehmigen Durchlaucht die Versicherung meiner ehrerbietigen Hochachtung

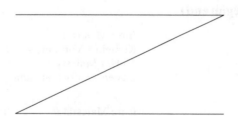

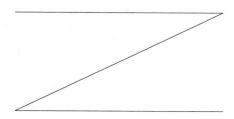

Fürstin von und zu Liechtenstein (nicht regierend)

Anschrift:

Ihrer Durchlaucht*
der Fürstin – Vorname – von und zu
Liechtenstein

Anrede:
    schriftlich:

Eure Durchlaucht*

    mündlich:

Eure Durchlaucht*

Schlußformel:

Genehmigen Durchlaucht* die Versicherung
meiner ehrerbietigen Hochachtung

---

*   Falls die Fürstin einem höherrangigen Haus entstammt, wird sie das ihr aufgrund ihrer Herkunft
zustehende Prädikat fortführen.

Großherzog von Luxemburg

Anschrift:

Seiner Königlichen Hoheit
dem Großherzog von Luxemburg //
A Son Altesse Royale
le Grand-Duc de Luxembourg

Anrede:
   schriftlich:

Königliche Hoheit // Altesse Royale*

   mündlich:

Königliche Hoheit // Altesse Royale*

Schlußformel:

Genehmigen Königliche Hoheit den Ausdruck meiner ehrerbietigen Hochachtung //
Mit dem Ausdruck meiner ehrerbietigen/ver-
ehrungsvollen Hochachtung //
Veuillez agréer, Altesse Royale, l'expression
de mon très profond respect

Prinzgemahl

Anschrift:

Seiner Königlichen Hoheit
dem Prinzen – Vorname – von Luxemburg //
A Son Altesse Royale
Le Prince – prénom – de Luxembourg

Anrede:
   schriftlich:

Königliche Hoheit // Altesse Royale*

   mündlich:

Königliche Hoheit // Altesse Royale**/
Monseigneur

Schlußformel:

Genehmigen Königliche Hoheit den Ausdruck meiner ehrerbietigen Hochachtung //
Veuillez agréer, Altesse Royale, l'expression
de mon profond respect

---

*   Im Text eines Schreibens auch: „Eure Königliche Hoheit // Votre Altesse Royale/Monseigneur"
** Im Verlauf eines Gesprächs auch: „Eure Königliche Hoheit // Votre Altesse Royale/Monseigneur"

Großherzogin von Luxemburg

Anschrift:

Ihrer Königlichen Hoheit
der Großherzogin von Luxemburg //
A Son Altesse Royale
la Grande-Duchesse de Luxembourg

Anrede:
   schriftlich:

Königliche Hoheit // Altesse Royale*

   mündlich:

Königliche Hoheit // Altesse Royale**

Schlußformel:

Genehmigen Königliche Hoheit den Ausdruck meiner ehrerbietigen Hochachtung //
Mit dem Ausdruck meiner ehrerbietigen/ver-
ehrungsvollen Hochachtung //
Veuillez agréer, Altesse Royale, l'expression
de mon très profond respect

Großherzogin (nicht regierend)

Anschrift:

Ihrer Königlichen Hoheit
der Großherzogin von Luxemburg //
A Son Altesse Royale
la Grande-Duchesse de Luxembourg

Anrede:
   schriftlich:

Königliche Hoheit // Altesse Royale*

   mündlich:

Königliche Hoheit // Altesse Royale/
Madame**

Schlußformel:

Genehmigen Königliche Hoheit den Ausdruck meiner ehrerbietigen Hochachtung //
Veuillez agréer, Altesse Royale, l'expression
de mon très profond respect

---

*   Im Text eines Schreibens auch: „Eure Königliche Hoheit // Votre Altesse Royale/Madame"
** Im Verlauf eines Gesprächs auch: „Eure Königliche Hoheit // Votre Altesse Royale/Madame"

Fürst von Monaco

Anschrift:

Seiner Durchlaucht
dem Souveränen Fürsten von Monaco //
A Son Altesse Sérénissime
le Prince Souvérain de Monaco

Anrede:
    schriftlich:

Eure Durchlaucht // Monseigneur

    mündlich:

Eure Durchlaucht // Monseigneur

Schlußformel:

Genehmigen Durchlaucht die Versicherung
meiner ehrerbietigen Hochachtung //
Veuillez agréer, Monseigneur, l'assurance de
mon profond respect

Fürst von Monaco (nicht regierend)

Anschrift:

Seiner Durchlaucht
dem Prinzen – Vorname – von Monaco //
A Son Altesse Sérénissime
le Prince – prénom – de Monaco

Anrede:
    schriftlich:

Eure Durchlaucht // Prince

    mündlich:

Eure Durchlaucht // Prince

Schlußformel:

Genehmigen Durchlaucht die Versicherung
meiner ehrerbietigen Hochachtung //
Veuillez agréer, Prince, l'assurance de ma
haute considératión

Fürstin von Monaco

Anschrift: Ihrer Durchlaucht
                                    der Souveränen Fürstin von Monaco //
                                    A Son Altesse Sérénissime
                                    Madame la Princesse Souvéraine de Monaco

Anrede:
  schriftlich: Eure Durchlaucht // Madame

  mündlich: Eure Durchlaucht // Madame

Schlußformel: Genehmigen Durchlaucht die Versicherung
                                    meiner ehrerbietigen Hochachtung //
                                    Veuillez agréer, Madame, l'assurance de mon
                                    profond respect

Fürstin von Monaco (nicht regierend)

Anschrift: Ihrer Durchlaucht
                                    der Fürstin – Vorname – von Monaco //
                                    A Son Altesse Sérénissime
                                    la Princesse – prénom – de Monaco

Anrede:
  schriftlich: Eure Durchlaucht // Princesse

  mündlich: Eure Durchlaucht // Princesse

Schlußformel: Genehmigen Durchlaucht die Versicherung
                                    meiner ehrerbietigen Hochachtung //
                                    Veuillez agréer, Princesse, l'assurance de
                                    mon profond respect

König der Niederlande

Anschrift:

Seiner Majestät
dem König – Vorname – der Niederlande //
Zijne Majesteit
Koning – voornaam – der Nederlanden

Anrede:
  schriftlich:

Eure Majestät // Majesteit

  mündlich:

Eure Majestät // Majesteit

Schlußformel:

Genehmigen Majestät den Ausdruck meiner
ehrerbietigen Hochachtung // Mit dem Ausdruck meiner ehrerbietigen/verehrungsvollen
Hochachtung //
Met de verzekering van mijn verschuldigde
eerbied

Prinzgemahl

Anschrift:

Seiner Königlichen Hoheit
dem Prinzen – Vorname – der Niederlande //
Zijne Koninklijke Hoogheid
Prins – voornaam – der Nederlanden

Anrede:
  schriftlich:

Eure Königliche Hoheit // Koninklijke Hoogheid

  mündlich:

Eure Königliche Hoheit // Koninklijke Hoogheid

Schlußformel:

Genehmigen Königliche Hoheit den Ausdruck meiner ehrerbietigen/verehrungsvollen
Hochachtung //
Met de verzekering van mijn zeer bijzondere
hoogachting

Königin der Niederlande

Anschrift:

Ihrer Majestät
der Königin – Vorname – der Niederlande //
Hare Majesteit
Koningin – voornaam – der Nederlanden

Anrede:
    schriftlich:

Eure Majestät // Majesteit

    mündlich:

Eure Majestät // Majesteit

Schlußformel:

Genehmigen Majestät den Ausdruck meiner
ehrerbietigen Hochachtung // Mit dem Ausdruck meiner ehrerbietigen/verehrungsvollen
Hochachtung //
Met de verzekering van mijn verschuldigde
eerbied

Königin (nicht regierend)

Anschrift:

Ihrer Majestät
Königin – Vorname – der Niederlande //
Hare Majesteit
Koningin – voornaam – der Nederlanden

Anrede:
    schriftlich:

Eure Majestät // Majesteit

    mündlich:

Eure Majestät // Majesteit

Schlußformel:

Genehmigen Majestät den Ausdruck meiner
ehrerbietigen Hochachtung // Mit dem Ausdruck meiner ehrerbietigen/verehrungsvollen
Hochachtung //
Met de verzekering van mijn verschuldigde
eerbied

König von Norwegen

Anschrift: Seiner Majestät
dem König – Vorname + Ordnungszahl – von Norwegen //
Hans Majestet
Kong – fornavn + ordenstall – av Norge

Anrede:
    schriftlich: Eure Majestät // Deres Majestet

    mündlich: Eure Majestät // Deres Majestet

Schlußformel: Genehmigen Majestät die Versicherung meiner ehrerbietigen Hochachtung //
Motta, Deres Majestet, forsikringen om min mest utmerkede høyaktelse/I ærbødighet

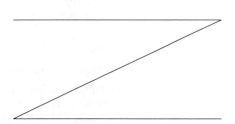

146

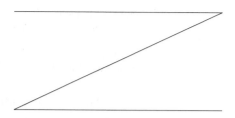

Königin (nicht regierend)

Anschrift: Ihrer Majestät
                                   Königin – Vorname – //
                                   Hennes Majestet Dronning – fornavn –

Anrede:
    schriftlich: Eure Majestät // Deres Majestet

    mündlich: Eure Majestät // Deres Majestet

Schlußformel: Genehmigen Majestät die Versicherung
                                   meiner ehrerbietigen Hochachtung //
                                   Motta, Deres Majestet, forsikringen om min
                                   mest utmerkede høyaktelse/I ærbødighet

König von Schweden

Anschrift: Seiner Majestät
dem König – Vorname + Ordnungszahl – von
Schweden //
Hans Majestät
Konung – förnamn + ordningstal – av Sverige

Anrede:
    schriftlich: Eure Majestät // Eders Majestät

    mündlich: Eure Majestät // Ers Majestät

Schlußformel: Genehmigen Majestät die Versicherung
meiner ehrerbietigen Hochachtung //
Vördsamt

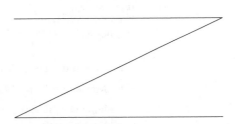

Königin von Schweden

Anschrift: Ihrer Majestät
                                          der Königin – Vorname + Ordnungszahl –
                                          von Schweden //
                                          Hennes Majestät
                                          Drottning – förnamn + ordningstal –
                                          av Sverige

Anrede:
    schriftlich: Eure Majestät // Eders Majestät

    mündlich: Eure Majestät // Ers Majestät

Schlußformel: Genehmigen Majestät die Versicherung
                                          meiner ehrerbietigen Hochachtung //
                                          Vördsamt

Königin (nicht regierend)

Anschrift: Ihrer Majestät
                                          der Königin – Vorname – //
                                          Hennes Majestät
                                          Drottning – förnamn –

Anrede:
    schriftlich: Eure Majestät // Eders Majestät

    mündlich: Eure Majestät // Ers Majestät

Schlußformel: Genehmigen Majestät die Versicherung
                                          meiner ehrerbietigen Hochachtung //
                                          Vördsamt

König von Spanien

Anschrift:	Seiner Majestät dem König von Spanien // Su Majestad el Rey de España

Anrede:
  schriftlich:
 	
  mündlich:
Schlußformel:
	
	Eure Majestät // Majestad/Señor*
	
	Eure Majestät // Majestad/Señor*
	Genehmigen Majestät den Ausdruck meiner ehrerbietigen Hochachtung // Mit dem Ausdruck meiner ehrerbietigen/verehrungsvollen Hochachtung //
	Ruego a Vuestra Majestad reciba el testimonio de mi mayor y profundo respeto

Prinzgemahl

Anschrift:	Seiner Königlichen Hoheit dem Prinzen – Vorname –// Su Alteza Real el Príncipe – nombre –

Anrede:
  schriftlich:
 	
  mündlich:
Schlußformel:
	
	Königliche Hoheit // Alteza Real/Señor**
	
	Königliche Hoheit // Alteza Real/Señor**
	Genehmigen Königliche Hoheit den Ausdruck meiner ehrerbietigen Hochachtung //
	Ruego a Vuestra Alteza Real reciba el testimonio de mi respetuosa consideración

---

*	Die Anrede „Señor" kommt in Betracht, wenn der Absender (Gesprächspartner) dem Souverän persönlich näher bekannt ist.

**	Die Anrede „Señor" kommt in Betracht, wenn der Absender (Gesprächspartner) dem Prinzen persönlich näher bekannt ist.

Königin von Spanien

Anschrift: Ihrer Majestät der Königin von Spanien //
Su Majestad la Reina de España

Anrede:
    schriftlich: Eure Majestät // Majestad/Señora*

    mündlich: Eure Majestät // Majestad/Señora*

Schlußformel: Genehmigen Majestät den Ausdruck meiner ehrerbietigen Hochachtung // Mit dem Ausdruck meiner ehrerbietigen/verehrungsvollen Hochachtung //
Ruego a Vuestra Majestad reciba el testimonio de mi mayor y profundo respeto

Königin (nicht regierend)

Anschrift: Ihrer Majestät der Königin – Vorname – //
Su Majestad la Reina Doña – nombre –

Anrede:
    schriftlich: Eure Majestät // Majestad/Señora**

    mündlich: Eure Majestät // Majestad/Señora**

Schlußformel: Genehmigen Majestät den Ausdruck meiner ehrerbietigen Hochachtung // Mit dem Ausdruck meiner ehrerbietigen/verehrungsvollen Hochachtung //
Ruego a Vuestra Majestad reciba el testimonio de mi respetuosa y profunda consideración

---

*   Die Anrede „Señora" kommt in Betracht, wenn der Absender (Gesprächspartner) der Souveränin persönlich näher bekannt ist.

** Die Anrede „Señora" kommt in Betracht, wenn der Absender (Gesprächspartner) der Königin persönlich näher bekannt ist.

Großmeister des Souveränen Malteser-Ritter-Ordens

Anschrift:	Seiner Hoheit und Eminenz Fra' . . . Großmeister des Souveränen Malteser-Ritter-Ordens // Sua Altezza Eminentissima Fra' . . . Principe e Gran Maestro del Sovrano Militare Ordine di Malta
Anrede: schriftlich:	Hoheit und Eminenz // Altezza Eminentissima
mündlich:	Hoheit und Eminenz* // Altezza Eminentissima**
Schlußformel:	Genehmigen Hoheit und Eminenz die Versicherung meiner ehrerbietigen Hochachtung // Prego, Vostra Altezza Eminentissima, di accogliere le espressioni della mia più elevata considerazione e stima

---

* Im Verlauf des Gesprächs „Hoheit", wenn der Großmeister als Staatsoberhaupt angesprochen wird: „Eminenz", wenn seine Eigenschaft als oberster Repräsentant des geistlichen Ordens im Vordergrund steht.

** „Altezza Eminentissima" bei der ersten Erwiderung, „Altezza" im weiteren Gespräch.

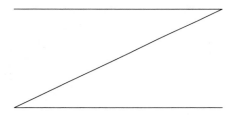

D. Anhang

Modell einer protokollarischen Ordnung für die Organe des Bundes

1.   Vorbemerkungen

1.1   Protokollarische Ordnungen sind ein wichtiges Hilfsmittel für die Organisation und Durchführung von zeremoniellen Veranstaltungen im öffentlichen Leben.

1.2   Die Organe der Bundesrepublik Deutschland verfügen über keine offizielle protokollarische Rangordnung. In der Praxis beziehen sich die Träger zeremonieller staatlicher Veranstaltungen weitgehend auf einen zwischen Protokollbeauftragten des Bundes und der Länder erstellten Entwurf einer protokollarischen Ordnung. Der Entwurf ist zwar nicht unumstritten, doch hat sich bisher niemand zu einer ausgewogenen anderen protokollarischen Ordnung verstanden. Die zur Festlegung einer solchen protokollarischen Ordnung berufenen Verfassungsorgane schweigen sich zu diesem Thema aus. Nichts deutet darauf hin, daß sich hieran in absehbarer Zeit etwas ändern wird.

1.3   Um die Gedanken einer protokollarischen Ordnung einem größeren Personenkreis näherzubringen, soll hier ein mögliches Modell einer solchen Ordnung für die Organe des Bundes vorgestellt werden. Sie wird nicht allen, sich oft widersprechenden Vorstellungen und Wünschen gerecht werden ...

Gleichwohl wäre diese Ausarbeitung nicht umsonst, wenn sie zu eingehender Diskussion und später zu einer allgemein anerkannten protokollarischen Ordnung auf Bundesebene führen würde.

2.   Modell einer protokollarischen Ordnung für die Organe des Bundes

2.1   Allgemeines

2.1.1   Zu unterscheiden ist zwischen individueller und institutioneller Rangordnung. Erstere regelt allgemein die Reihenfolge der individuell an zeremoniellen Veranstaltungen teilnehmenden Persönlichkeiten untereinander. Letztere bestimmt hingegen die Reihenfolge der Institutionen, Organisationen und Gruppen, die als solche an der Veranstaltung teilnehmen; den einzelnen berücksichtigt sie nur im Rahmen der Institution oder Gruppe, der er zugehört.

Die Staatspraxis kennt beide Rangordnungen. Individuelle Rangordnung wird regelmäßig bei staatszeremoniellen Veranstaltungen, z. B. Tag der Deutschen Einheit, sonstigen Staatsakten, Staatsbegräbnissen u. a. verwandt. Institutionelle Rangordnung nach Fraktionen gilt z. B. für die Sitzungen des Deutschen Bundestages, des Bundesrates, der Bundesversammlung sowie auch für Amtseinführungen des Bundespräsidenten.

2.1.2   Eine protokollarische Rangordnung des Staates ist kein Selbstzweck, sondern Mittel zum Zweck. Sie begründet keinerlei Über- oder Unterordnungsverhältnisse, sondern ist lediglich ein Schema, um die Reihenfolge der für das öffentliche Leben in unserer pluralistischen Gesellschaft relevanten Personen zu gestalten, daß sich darin die vielfältigen Gliederungen des Gemeinwesens in einer dem jeweiligen Anlaß entsprechenden Weise sinnvoll widerspiegeln. Dabei liegt es in der Natur der Sache, daß die protokollarische Reihenfolge der höchsten und wichtigsten Repräsentanten aus Staat und Politik Ausgangspunkt für die Gestaltung der protokollarischen Ordnung ist. Für Personen aus anderen Bereichen des öffentlichen, kulturellen, wissenschaftlichen, wirtschaftlichen, sozialen und sportlichen Lebens ist jeweils, auch ohne Aufführung in der Rangfolge, je nach Anlaß und Art der einzelnen Veranstaltung, ein angemessener Platz im Rahmen des Gesamtplacements bereitzustellen. Maßgeblich für diesen Platz ist der innere Bezug, die die jeweilige Person oder Gruppe mit der anstehenden Veranstaltung verbindet und ihre Stellung im eigenen Bereich.

2.1.3   Wesentlicher Grundsatz für die Rangfolge hochgestellter Persönlichkeiten aus Staat und Politik ist horizontal eine ausgewogene Berücksichtigung der Repräsentanten von Legislative, Exekutive, Rechtsprechung und der im Deutschen Bundestag vertretenen politischen Parteien, vertikal eine angemessene Berücksichtigung der Repräsentanten aus den Bereichen von Bund, Ländern und Gemeinden. Hierbei sollte die Eigenschaft als gewählte Vertreter des Volkes angemessen berücksichtigt werden.

2.1.4   Placieren heißt nach alledem nicht starres Festhalten an einer vorgegebenen Reihenfolge, sondern sich Einarbeiten in den Gesamtzusammenhang der Veranstaltung Berücksichtigung ihres Anlasses, Ausloten vorhandener Strömungen, Vergegenwärtigung der Örtlichkeiten und räumlichen Verhältnisse und von daher Ausrichten des Placements auf die Umstände des gegebenen Falles.

Bei einem Bankett, d. h. an gedeckter Tafel, ist mehr Auflockerung am Platz als bei einem Fest- oder Gedenkakt vor einem Podium, bei dem es nicht um Unterhaltung, sondern um Hören geht. Bei einer Feierstunde am Volkstrauertag wird der Veranstalter anderen Personen den Vorzug geben, als bei einer Feier des Sports. Örtliche Gegebenheiten, die z. B. für den Oberbürgermeister eine Placierung an bestimmter Stelle vorsehen, sind abzuwägen und nach Möglichkeit zu berücksichtigen. Disproportionen in der Zusammensetzung der Teilnehmer oder Strukturen des Raumes der Veranstaltung können zu Umdispositionen führen, die mit der Rangfolge nicht in Einklang stehen, gleichwohl aber angezeigt sind. Oft bietet sich alternatives Placieren, d. h. Placieren nicht reihenweise nacheinander, sondern – unter Außerachtlassen der Reihenfolge – innerhalb von Platzgruppen untereinander, an.

Gefragt sind Flexibilität, Augenmaß, Takt und Entscheidungsbereitschaft, keine Prinzipienreiterei.

2.1.5	Oft wird sich die Placierung auf einen engeren Teilnehmerkreis beschränken können.
2.2	Grundsätze
2.2.1	Vertreter im Amt oder andere im Einzelfall bestimmte Repräsentanten haben den ihnen selber zustehenden Platz, nicht den des Vertretenen. Soweit der Präsident des Bundesrates im Falle der Verhinderung des Bundespräsidenten dessen Befugnisse wahrnimmt (Artikel 57 GG), nimmt er auch dessen Platz ein.
	Bei institutioneller Rangfolge behält die Institution, Organisation oder Gruppe im Fall der Abwesenheit ihres höchsten Repräsentanten den ihr als solche zukommenden Platz.
2.2.2	Ausländer gehen bei gleichartigem protokollarischen Rang in der Regel Deutschen aus der Bundesrepublik Deutschland vor.
2.2.3	Mangels anderer Anhaltspunkte stellen ausgeübtes Amt, Dienst- und Lebensalter einen Anhalt für die Bestimmung des protokollarischen Platzes dar; dabei rangieren Behördenleiter, stellvertretende Behördenleiter und Delegationsleiter vor Personen, die eine derartige Funktion nicht haben.
2.2.4	Gründe der Höflichkeit und des Taktes können bei gegebenem Anlaß Placierungen an bevorzugter Stelle erheischen; dies gilt insbesondere für aus dem Amt geschiedene Personen des öffentlichen Lebens.
2.2.5	Ehefrauen teilen einen höheren protokollarischen Rang ihres Ehemannes, soweit er anwesend ist.
2.3	Bedeutung in anderen Bereichen
2.3.1	Die Rangordnung hat auch Bedeutung für die Reihenfolge bei Begrüßungen und Vorstellungen. Sie wird ebenfalls als Anhalt dienen können, in welcher Reihenfolge Persönlichkeiten in Veröffentlichungen aufzuführen sind.
2.3.2	Bei Kranzniederlegungen bestimmt sich die Reihenfolge nach dem protokollarischen Rang der persönlich Anwesenden.
2.3.3	Die Reihenfolge von Rednern ist nach dem Charakter der jeweiligen Veranstaltung, dem Anlaß zur Wortergreifung sowie der inhaltlichen Beziehung der Aussage zur Gesamtveranstaltung zu bestimmen.
2.3.4	Sonderregelungen gelten für die Reihenfolge von Personen des öffentlichen Lebens bei zeremoniellen Veranstaltungen in der Bewegung, z. B. beim Abschreiten von Ehrenformationen im Rahmen von Staatsbesuchen oder im staatszeremoniellen Trauerkonsult.
2.4	Initiativrecht des Bundespräsidenten
	Der Bundespräsident kann jederzeit abweichende Placierungen festlegen.
3.	Individuelle Rangordnung

3.1 Gruppe A

– Der Bundespräsident
– Der Ehrengast 1)
– Der Veranstalter
– Der Hausherr 2)
– Der Bundeskanzler
– Der Präsident des Deutschen Bundestages
– Der Präsident des Bundesrates
– Der Präsident des Bundesverfassungsgerichts

– Der Doyen des Diplomatischen Korps

– Die Chefs der diplomatischen Missionen im Botschafterrang in der Reihenfolge der Übergabe ihrer Beglaubigungsschreiben 3)

– Die Stellvertretenden Regierungschefs ausländischer Staaten

– Die Vorsitzenden der Deutschen Bischofskonferenz und des Rates der Evangelischen Kirche in Deutschland, der Vorsitzende des Direktoriums des Zentralrates der Juden in Deutschland

– Der Generalsekretär der Vereinten Nationen

– Der Präsident des Europäischen Parlaments

– Der Generalsekretär der Nato

– Der Präsident der Beratenden Versammlung des Europarats

– Der Präsident des Rates der Europäischen Union

– Der Präsident der Europäischen Kommission

– Die fremden Gesandten als ständige Missionschefs

3.2 Gruppe B

– Die Mitglieder der Bundesregierung (in der Reihenfolge der Ressorts)

– Die Regierungschefs der Länder (in der Reihenfolge: Vizepräsident des Bundesrates, andere Regierungschefs nach der Dauer der Amtszeit) 4)

– Die Kardinäle, die Patriarchen

– Die Mitglieder der Kommission der Europäischen Gemeinschaften

– Der Generalsekretär des Europarates

– Die Vorsitzenden der Fraktionen des Deutschen Bundestages (in der Reihenfolge der Stärke der Fraktionen) 5)

– Die Vorsitzenden/Sprecher der im Deutschen Bundestag vertretenen Parteien (in der Reihenfolge der Stärke der bei der letzten Wahl zum deutschen Bundestag auf sie entfallenen Stimmen)

– Die Vizepräsidenten des Deutschen Bundestages

- Der Vizepräsident des Bundesverfassungsgerichts

- Die Präsidenten der Landtage/Bürgerschaften, der Präsident des Bayerischen Senats

- Der Oberbürgermeister der Bundeshauptstadt bei Veranstaltungen im Raum Berlin

- Die Vizepräsidenten des Europäischen Parlaments

- Die Erzbischöfe, die Landesbischöfe, die Bischöfe, die Landessuperintendenten, die Landesrabbiner

3.3   Gruppe C

- Der Präsident der Deutschen Bundesbank

- Die ständigen Geschäftsträger des Diplomatischen Korps in der Reihenfolge ihrer Einführungsschreiben

- Die Geschäftsträger des Diplomatischen Korps in der Reihenfolge ihrer Notifizierung

- Der Präsident des Europäischen Gerichtshofes

- Die Mitglieder des Deutschen Bundestages bei Veranstaltungen in dem Wahlkreis, für den sie gewählt sind

- Die Leiter diplomatischer Vertretungen der Bundesrepublik Deutschland im Ausland bei Veranstaltungen zu Ehren von Repräsentanten des Staates, bei dessen Staatsoberhaupt sie akkreditiert sind

- Die Minister/Senatoren der Länder

- Die stellvertretenden Vorsitzenden der Fraktionen des Deutschen Bundestages (in der Reihenfolge der Stärke der Fraktionen), die Vorsitzenden der Ausschüsse des Deutschen Bundestages (in der Reihenfolge der Ausschüsse), die stellvertretenden Vorsitzenden der im Deutschen Bundestag vertretenen Parteien

- Der Päsident des Bundesrechnungshofes, die Staatsminister des Bundes, die Parlamentarischen Staatssekretäre, die Staatssekretäre des Bundes, die Staatssekretäre der Länder im Kabinettrang

- Der Kanzler des Ordens „Pour le mérite"

- Die Präsidenten der Obersten Gerichtshöfe des Bundes, die Richter des Bundesverfassungsgerichts

- Die Mitglieder des Deutschen Bundestages, soweit nicht bereits berücksichtigt

- Die höchsten Repräsentanten der kommunalen Spitzenverbände

- Der Präsident der Bundesanstalt fär Arbeit, der Generalinspekteur der Bundeswehr, der Wehrbeauftragte des Deutschen Bundestages, der Vorsitzende des Vorstandes der Deutschen Bundesbahn, der Präsident des Verwaltungsrates der Deutschen Bundesbahn, der Vorsitzer des Verwaltungsrates der Deutschen Bundespost

– Die Abgeordneten des Europäischen Parlaments

– Die Präsidenten der Verfassungsgerichtshöfe der Länder 6)

– Die Fraktionsvorsitzenden und die Landesvorsitzenden der in den Landtagen/Bürgerschaften vertretenen Parteien, die Vizepräsidenten der Landtage/Bürgerschaften, die Vizepräsidenten des Bayerischen Senats 7)

3.4   Gruppe D

– Die Mitglieder des Vorstandes der Deutschen Bundesbank, die Präsidenten der Direktionen der Deutschen Bundesbahn als Mitglieder des Vorstandes, der Direktor beim Deutschen Bundestag, der Direktor des Bundesrates, der Stellvertretende Chef des Presse- und Informationsamtes der Bundesregierung, der Stellvertretende Regierungssprecher des Presse- und Informationsamtes der Bundesregierung, Generale/Admirale

– Die Stellvertretenden Fraktionsvorsitzenden, die Ausschußvorsitzenden der Landtage/Bürgerschaften, die Stellvertretenden Landesvorsitzenden der in den Landtagen/Bürgerschaften vertretenen Parteien

– Die Präsidenten der Rechnungshöfe der Länder, die Staatssekretäre und ihnen gleichstehende Beamte der Länder als ständige Vertreter der Minister/Senatoren

– Die Ministerialdirektoren des Bundes, die Generalleutnante, Vizeadmirale und ihnen gleichstehende Beamte und Offiziere, die Vizepräsidenten der obersten Gerichtshöfe des Bundes und ihnen gleichstehende Richter

– Die Abgeordneten der Landtage/Bürgerschaften, die Mitglieder des Bayerischen Senats

Dem nach kommunalem Verfassungsrecht verantwortlichen höchsten Repräsentanten der Gemeinde, in der eine Veranstaltung stattfindet, gebührt der Platz in der Regel bei den Ministern der Länder

4.   Institutionelle Platzordnung

– Der Bundespräsident

– Der Deutsche Bundestag

– Der Bundesrat

– Die Bundesregierung

– Das Bundesverfassungsgericht

– Die Chefs diplomatischer Missionen in der Reihenfolge der Überreichung ihrer Beglaubigungsschreiben

- Die höchsten Repräsentanten der Religionsgemeinschaften

- Die Repräsentanten der im Deutschen Bundestag vertretenen Parteien

1) Hierher gehören z. B. ausländische Staatsoberhäupter, Regierungschefs und Chefs außerordentlicher ausländischer Delegationen.

2) Als Verantwortlichem für die Richtlinien der Politik (Artikel 65 GG) kommt dem Amt des Bundeskanzlers mehr Verantwortung zu als dem Amt des vor allem mit geschäftsleitenden Funktionen bedachten Präsidenten des Deutschen Bundestages. Er rangiert daher vor diesem, doch bleibt ihm unbenommen, zurückzutreten, insbesondere wenn der Bundestagspräsident weiblich ist.

3) Falls ein Botschafter bei besonderen Anlässen zum Chef einer außerordentlichen Delegation bestimmt worden ist, gebührt ihm diese Stelle bei den persönlichen Repräsentanten von Staatsoberhäuptern bei besonderen Anlässen.

4) Rangieren bei anderen als gesamtstaatlichen oder außenpolitischen Veranstaltungen sowie in ihrem Land bei Veranstaltungen im nicht bundeseigenen Haus vor den Mitgliedern der Bundesregierung.

5) Rangieren im Einzelfall auf besonderen Entscheid des Veranstalters vor den Mitgliedern der Bundesregierung.

6)/7) Rangieren in ihrem Land bei Veranstaltungen im nicht bundeseigenen Haus vor den nicht herausgehobenen Mitgliedern des Deutschen Bundestages.

Hier kommen Sie an die richtige Adresse...

...von ausländischen Vertretungen bei uns

Manche erfolgreiche Geschäftsverbindung mit dem Ausland wurde über ein Konsulat angebahnt, aber auch für die Planung und Durchführung von Auslandsreisen sind Konsulate hilfreiche Anlaufpunkte.

- **Konsularische und andere Vertretungen in der Bundesrepublik Deutschland**

  Erscheinungsweise: jährlich
  ISSN 0173-2161, 1998,
  A5, kartoniert, DM 19,80

...von der EG

Wer ist bei der EG-Kommission in Brüssel wofür zuständig? Die Dienstanschriften aller Kommissionsmitglieder, die unterstützenden Dienststellen und Namen sowie Zuständigkeiten der leitenden Beamten enthält eine Schrift, die von der Kommission herausgegeben wird.

- Europäische Kommission
- **Interinstitutionelles Verzeichnis**

  ISBN 92-828-2503-5
  403 Seiten, A4, kartoniert,
  DM 63,60

...und von unseren Vertretungen im Ausland

Wo im Ausland finde ich Hilfe oder eine Anlaufstelle für Geschäftskontakte? Auch diese Liste wird vom Auswärtigen Amt herausgegeben und mehrmals jährlich auf aktuellen Stand gebracht.

- **Vertretungen der Bundesrepublik Deutschland im Ausland**

  Erscheinungseise: jährlich
  ISSN 0431-508X
  1998, A5, kartoniert,
  DM 19,80

...von Lobbyisten

Wer bei der Arbeit der Legislative in Bonn ein Wörtchen mitreden will, muß nach Beschluß des Bundestages dort registriert sein, sonst wird er nicht angehört. Die Liste wird als Beilage zum Bundesanzeiger publiziert. Dank ihres Stichwortverzeichnisses hat sie sich zu einer praktischen Arbeitsunterlage entwikkelt. Neben den Adressen der Verbände wird noch eine Menge weiterer Informationen geliefert. Beispielsweise, wer im Verband das Sagen hat: die Präsidenten, die Vorstände, Stellvertreter, Geschäftsführer oder Schatzmeister, und wer den Verband vor Ort in Bonn vertritt.

■■ Öffentliche Liste über
■■ die Registrierung von
■■ Verbänden und deren
■■ Vertreter (Lobbyliste)

■■ Erscheinungsweise:
■■ jährlich, DM 62,–

Europäische Verbände, die über eine Vertretung auf EG-Ebene verfügen, finden Sie in einem dreisprachigen Werk. Es führt die Dachverbände und ihre Mitglieder in den einzelnen Ländern auf. Ein Abkürzungsverzeichnis, Sachverzeichnis und ein Namensverzeichnis sichern schnellen Zugriff auf über 5000 europäische Organisationen.

■■ Europäische Kommission
■■ Verzeichnis der
■■ Interessenverbände
■■ ISBN 92-827-8987-X
■■ XV, 621 Seiten, A4,
■■ kartoniert, DM 48,–

...von Diplomaten

Wer Kontakt zu ausländischen Diplomaten sucht, hat mit der Diplomatenliste ein durch das Auswärtige Amt ständig aktualisiertes Adreßbuch zur Hand, das über Rang, Funktion und Anschrift der akkreditierten Diplomaten Auskunft gibt.

■■ Liste der diplomatischen
■■ Missionen und
■■ andere Vertretungen
■■ in der Bundesrepublik
■■ Deutschland

■■ Erscheinungsweise:
■■ 2- bis 3mal jährlich,
■■ ISSN 0723-053X, DM 19,80

Nur in der Sprache der Diplomatie – französisch – erscheint das EG-Diplomatenverzeichnis. Es gibt Funktionen und Dienstanschriften der bei der EG beglaubigten Diplomaten an.

■■ Corps Diplomatique

■■ Erscheinungsweise: jährlich
■■ ISBN 92-828-2607-4
■■ 298 Seiten, A5, kartoniert,
■■ DM 21,40

Bundesanzeiger Verlag
Postfach 10 05 34 · 50445 Köln

Susse Humle

Schwierige
Mitarbeitergespräche
erfolgreich führen

Ein Leitfaden
für Vorgesetzte

Das Buch beschreibt praxisnah, welche Methoden und Techniken jedem Vorgesetzten helfen können, heikle und schwierige Mitarbeitergespräche erfolgreich und konstruktiv zu führen. Anhand vieler Beispiele aus der Praxis wird der Leser in die verschiedenen Vorgehensweisen eingeführt, wobei vor allem die Gesprächsmethodik besonders trainiert wird.

ISBN 3-88784-848-9
1998, 208 Seiten,
16,5 x 24,4 cm, kartoniert,
DM 58,–

Bundesanzeiger
Verlag

http://www.bundesanzeiger.de